AF357207

MADAME FAVART,

COMÉDIE EN TROIS ACTES,

MÊLÉE DE CHANT,

Par MM. Xavier et Masson,

REPRÉSENTÉE POUR LA PREMIÈRE FOIS, A PARIS, SUR LE THÉATRE DU PALAIS-ROYAL, LE 26 DÉCEMBRE 1836.

PERSONNAGES.	ACTEURS.
MAURICE DE SAXE..........	M. DERVAL.
BERCAVILLE, commis aux Aides et Gabelles..................	M. RÉMY.
L'ABBÉ DE VOISENON........	M. LHÉRITIER.
FAVART....................	M. GERMAIN.
DURONCERAY, ancien maître de chapelle de Stanislas, roi de Pologne.....................	M. SAINVILLE.
MARIE, sa fille.............	Mlle DÉJAZET.

PERSONNAGES.	ACTEURS.
MAMIE BABICHON, actrice de la Comédie Italienne....	Mme LEMÉNIL.
LE RÉGISSEUR DU THÉATRE..	M. MASSON.
UN NOTAIRE...............	M. BACHELARD.
UN DOMESTIQUE DE MAURICE DE SAXE, en grande livrée.	
UN DOMESTIQUE DE Mlle CHANTILLY.	
UN EXEMPT.	
ACTEURS, ACTRICES.	
SOLDATS.	

ACTE PREMIER.

Le théâtre représente un jardin. Mur de clôture au fond, avec une porte donnant sur la rue. A droite la façade de la maison.

SCENE PREMIERE.

DURONCERAY, BERCAVILLE, VOISENON.

BERCAVILLE, *sortant de la maison.*

AIR : *Turlurette.*

Quoi ! nous interrompre ainsi !
Tout allait si bien ici !
   La goguette
   Était complète,
   Turlurette ! (*bis.*)
Bon vin et fillette !

VOISENON *et* BERCAVILLE.

   Turlurette !
Bon vin et fillette !

DURONCERAY, *sortant de la maison ainsi que les deux autres.* Vous êtes aimables, vous êtes excessivement aimables, vous êtes des prodiges d'amabilité... tous deux !..

VOISENON. Vous exagérez... de moitié au moins.

DURONCERAY. Mais je crois que nous serions beaucoup mieux au jardin pour causer. Ici les faunes et les dryades peuvent seuls nous entendre, et ils n'ont pas l'oreille chatouilleuse.

BERCAVILLE. Comment ! abandonner ainsi votre aimable fille ?

VOISENON. Quitter la table quand le dessert devenait si gai ?

DURONCERAY. Beaucoup trop gai, monsieur l'abbé. Puis j'avais à converser avec vous.

BERCAVILLE, *faisant un mouvement pour rentrer dans la maison.* Alors, conversez, messieurs, que je ne vous gêne pas.

DURONCERAY, *le retenant.* Non pas ! j'ai à vous parler aussi.

VOISENON, *même mouvement que Bercaville.* Commencez par M. le fermier-général : la finance doit passer avant tout.

DURONCERAY, *le retenant.* Où allez-vous, monsieur l'abbé ? restez. C'est à vous que je vais m'adresser d'abord.

VOISENON. Eh bien ! voyons, qu'avez-vous à me dire ?

DURONCERAY. J'ai à vous dire, monsieur l'abbé, que moi, André-René, chevalier de Duronceray, ex-maître de chapelle de l'ex-roi de Pologne, Stanislas, si j'ai quitté la cour de Lunéville...

VOISENON, *faisant un nouveau mouvement pour sortir.* C'est qu'on vous en a congédié; nous le savions.

DURONCERAY. Du tout! ce n'est pas cela que je veux dire. Si j'ai quitté la cour de Lunéville, dis-je, pour venir achever à Paris l'éducation de ma fille, ce n'est point à des instituteurs qui chantent entre deux vins la *Boulangère* et le *Curé de Pomponne*, que je confierai le soin de former son esprit et son cœur : J'ai dit !

AIR *du Mariage extravagant.*
Si ma fille était un garçon,
Ma pudeur n'y prendrait pas garde.
VOISENON.
Mais ce n'est rien qu'une chanson !
DURONCERAY.
Une chanson de corps-de-garde !
Chers messieurs, j'en suis convaincu,
Vous m'en feriez un mousquetaire,
C'est un dragon que j'en veux faire..
Oui, mais un dragon de vertu.

VOISENON. Vous croyez donc que ma chanson l'a offensée ?

DURONCERAY. Je le crois.

VOISENON. Mais hier nous avons chanté ensemble.

DURONCERAY, *tirant une lettre de sa poche* Un instant ! hier, je m'abandonnais avec vous, je l'avouerai, à ces écarts folâtres des muses françaises; mais hier, vous étiez pour moi le neveu et l'héritier d'un riche archevêque presque centenaire; par conséquent, en jetant votre petit collet au diable, vous deveniez un excellent parti pour ma fille. Or, aujourd'hui c'est bien différent ; grâce à ce billet qu'on vient de me remettre, j'apprends que monseigneur votre oncle n'est point archevêque...

VOISENON. Il peut le devenir... en entrant dans les ordres.

DURONCERAY. Que, de plus, il est jeune encore !

VOISENON. Il vieillira... avec le temps.

DURONCERAY. Bref, vous m'avez trompé et vous n'êtes autre chose qu'un abbé sans abbaye, un auteur sans public, un chansonnier en rabat, aussi ignoré sur la feuille des bénéfices, que trop bien connu dans les coulisses de la Comédie ; en un mot, monsieur Claude-Henri de Fusée, abbé de Voisenon.

BERCAVILLE, *feignant la surprise.* Monsieur de Voisenon! Quoi ! j'étais en concurrence avec ce brillant abbé !..Ah ! mon cher rival, je suis désespéré du mauvais succès de votre ruse. (*A part.*) Allons, j'ai réussi ! (*Haut.*) C'est fort drôle !

(Il rit.)

DURONCERAY. Sans doute, sans doute, c'est fort drôle ! mais, à votre tour, maintenant... (*montrant une autre lettre*) car ce billet que j'ai reçu en même temps que l'autre, m'apprend que vous ne m'avez pas moins trompé que M. de Voisenon, et qu'au lieu d'être M. de Valroche, fermier-général, vous n'êtes rien autre chose que le sieur Bercaville, simple commis dans les aides et gabelles, et...

VOISENON. Vraiment! il serait possible !... c'est fort drôle ! fort plaisant ! (*Il rit ainsi que Duronceray.*) Ma foi, mon cher rival, je suis désespéré...

BERCAVILLE. Il suffit, monsieur l'abbé ! je saurai qui m'a joué ce tour !

VOISENON. Et moi aussi !

DURONCERAY. Voyez, mes braves messieurs, les lettres ne sont pas signées; mais peut-être reconnaîtrez-vous la main de votre dénonciateur ?

BERCAVILLE, *examinant la lettre que lui remet Duronceray.* Mon Dieu ! cette main, c'est la vôtre, monsieur de Voisenon !

VOISENON, *de même.* Je n'en disconviens pas, monsieur Bercaville ; mais si cette écriture n'est aussi la vôtre, je veux bien que le diable vous emporte !

DURONCERAY. Vous étiez à deux de jeu ! (*Il rit, ainsi que Voisenon ; regardant Bercaville.*) Tiens! il ne rit plus, lui !

BERCAVILLE. J'ai beau ne pas être fermier-général, j'ai quelque fortune et quelques protections... celle du comte de Saxe.

DURONCERAY. Maurice de Saxe? Un grand homme ! Je l'ai beaucoup connu à la cour du roi Stanislas. Il me voulait du bien, ainsi qu'à défunte ma seconde femme, qui était jeune et jolie ; nous avons même entretenu une correspondance ensemble, moi et ce héros. Je lui écrivais, et... il ne me répondait pas.

BERCAVILLE. Je ne renonce point à mes projets.

VOISENON. Ni moi non plus !

DURONCERAY. A la bonne heure! Dès lors que vous vous présentez tous deux franchement, ma fille est à vous... pas à vous deux... mais enfin, on pourra s'entendre.

AIR *de la Piété filiale.*
Qu'elle choisisse... à votre passion
Je souscrirai coûte que coûte !
Vous n'aurez pas une dot, non sans doute !
Mais vous aurez ma bénédiction.

J'ai les vertus, l'amour de la famille,
Cet hymen-là comblera tous mes vœux ;
Car je suis père avant tout, et je veux...
   Me débarrasser de ma fille.

BERCAVILLE. Je m'en charge... et j'aurai sa main.

VOISENON, *à part.* Moi, son cœur ; c'est tout ce que je demande.

DURONCERAY. Tenez, vous m'invitez à souper demain soir chez le célèbre inventeur des échaudés, le père Favart, qui demeure ici près, n'est-ce pas ?

VOISENON *et* BERCAVILLE. C'est convenu.

DURONCERAY. Là, entre Bacchus et Comus.

VOISENON. Oui, entre la poire et le fromage.

DURONCERAY. C'est synonyme... Nous causerons d'hyménée.

ENSEMBLE

AIR : *Songez à m'obéir.* (Prima Donna.)

Allons, jusqu'à demain,

Au bonheur { il faut / je veux } croire ;

Songeons / Songez { que la victoire

Doit rester au plus fin.

(Voisenon et Bercaville sortent par la porte du fond.)

SCENE II.

DURONCERAY, *puis* MAURICE DE SAXE.

DURONCERAY, *seul.* Maintenant qu'il ne s'agit plus d'un fermier-général , ni de l'héritier d'un riche archevêque, ce sont bien de vrais épouseurs, et cette fois, il faudra que ma fille se décide.

MAURICE, *entrant précipitamment, couvert d'un manteau, et avec un air de mystère.* Ils ont perdu mes traces, je crois, les enragés !... mais ils vont garder les issues pendant quelque temps, je pense...

DURONCERAY, *à part.* Qu'est-ce que c'est que ça ?

MAURICE, *regardant plutôt du côté de la rue que du côté de Duronceray.* Bonhomme, il faut que vous me donniez l'hospitalité pour quelques heures... peut-être pour la nuit.

DURONCERAY , *à part, avec dignité.* Je t'en fiche !.. un voleur, sans doute. (*A Maurice.*) D'abord, mon cher monsieur, je ne suis point un bonhomme, je suis le chevalier de Duronceray, ex-maître de chapelle.

MAURICE. Duronceray !

DURONCERAY. Que vois-je ! monseigneur le comte de Saxe ! à Paris ! chez moi ! Quoi ! vous me faites l'honneur de venir me visiter dans mon humble réduit, dans mon réduit champêtre de la rue des Marmousets?

MAURICE , *toujours en observation.* Ce n'est pas absolument comme visiteur que je suis venu... mais enfin, je suis bien aise d'être chez vous... ce cher Duronceray.... Votre femme est toujours...?

DURONCERAY. Mais... elle est toujours morte... oui, monseigneur.

MAURICE. Ah! pardon! je suis si troublé... (*Fermant la porte de la rue, et venant vers Duronceray.*) Voici ce dont il s'agit. J'ai quitté incognito mon gouvernement de Champagne, pour venir présenter mes hommages à certaine grande dame.

DURONCERAY. J'entends... Toujours en bonne fortune , monseigneur , toujours! Les faveurs de Mars ne vous suffisent pas ; il vous faut celles de Vénus... Mars et Vénus vous guident sur le chemin.

MAURICE. Oui, mais sur ce chemin-là, je viens de me rencontrer avec un rival ou un mari, je ne sais... Il a fallu dégaîner. Je l'ai blessé ou tué.

DURONCERAY. N'importe.

MAURICE. Le guet s'est mis à mes trousses, et, comme il faut avant tout sauver l'honneur des dames... surtout des grandes dames... même de celles qui ont deux amans à la fois... et je crois que c'est là mon affaire, je tiens absolument à n'être point reconnu. Ainsi, mon cher Duronceray, cachez-moi, même aux yeux des gens de votre maison, si cela se peut.

DURONCERAY. Il suffit, monseigneur.... Justement, mes gens sont tous absens. (*A part.*) Ils sont toujours absens. (*Haut.*) Et ma fille elle-même ne se doutera de rien.

MAURICE. Quoi! vous avez une fille ?.. Est-elle jolie ?

DURONCERAY. Mais... le sang est beau dans notre famille... Les Duronceray sont généralement d'un physique avantageux.. surtout du côté des hommes... ma fille est fort bien!.. Mais vous la connaissez : c'est ce jeune enfant, fruit de mon premier hymen, Marie-Justine, que vous avez maintes fois vue à Lunéville.

MAURICE. En effet, je me la rappelle ; une petite espiègle qui, toute jeune, jouait déjà la comédie, au théâtre de la cour, et avec une intelligence rare.... Oui... de grands yeux... une petite bouche.

DURONCERAY. Eh bien ! tout cela n'a fait que croître et embellir, monseigneur. Elle aime toujours la comédie à la fureur... mais moi, je veux la marier.

MAURICE. Quelle folie !.. mais c'est lui

fermer la carrière! C'est égal, votre fille m'intéresse, et si elle se destine réellement au théâtre, elle peut compter sur ma protection.

DURONCERAY. Monseigneur est trop bon.

MARIE, *chantant dans la maison.*

Le curé de Pomponne a dit:
Rassurez-vous, mignonne...
Ah! il m'en souviendra
La rira,
Du curé de Pomponne.

DURONCERAY. Mais la voici.

MAURICE. Comment! elle chante déjà le curé de Pomponne?

DURONCERAY. Par innocence, par réminiscence; elle l'a entendu chanter ce matin... elle ne sait ce qu'elle dit...

MAURICE. Mais maintenant, je ne puis entrer chez vous sans être vu par elle...

DURONCERAY. Au contraire, monseigneur... tandis qu'elle vient de ce côté, vous allez entrer par un autre... là, derrière la maison... Moi, je vais retenir Marie quelque temps ici... puis, je vous rejoins.

MAURICE. Songez qu'il faut que je parte cette nuit même.

DURONCERAY. Cette clef vous mettra à même d'aller et de venir comme vous voudrez. Silence, c'est elle!

MAURICE, *jetant un coup-d'œil dans la maison, à part.* Il a raison; elle est fort bien! (*Bas à Duronceray.*) Je tiendrai ma parole, maître Duronceray; elle débutera sous mes auspices.

(*Il sort en longeant le mur de la maison.*)

SCENE III.

DURONCERAY, MARIE, *paraissant sur la porte de la maison.*

MARIE. Tiens, tiens, tiens! plus personne!.. eh bien! ils sont aimables, les galans que vous me donnez... s'en aller sans me dire adieu, après m'avoir laissée au beau milieu d'une chanson, car je ne sais pas ce qu'il devient ce curé de Pomponne...

DURONCERAY. D'abord, ma fille, je vous ferai observer que vous vous servez d'une expression choquante pour ma dignité de père... je ne vous donne pas des galans... je vous cherche des maris.

MARIE. Et vous n'avez pas la main heureuse... Ah ça! papa, est-ce que vous allez vous imaginer que ça épouse, des fermiers-généraux? est-ce que vous croyez qu'un petit abbé musqué, qui veut devenir

évêque, laissera là la mitre et la crosse, pour donner son nom à la fille d'un mauvais musicien?

DURONCERAY. Comment! mauvais musicien!

MARIE. Je dis ça comme autre chose.

AIR : *En vérité, je vous le dis.* (Berat.)
En vérité, je vous le dis,
Gens de finance et gens d'église,
Tout ça plaisante et nous courtise,
Mais ça ne fait pas de maris;
Dans ces importantes affaires,
Les jeunes filles, à Paris,
S'y connaissent mieux que leurs pères...
En vérité, je vous le dis!

DURONCERAY, Ma fille, je te ferai observer...

MARIE.
Même air.
En vérité, je vous le dis,
Vous avez oublié, je pense,
Ce qu'autrefois l'expérience
Sur l'amour vous avait appris;
Ah! croyez-moi, sans qu'on l'excite,
Des jeunes filles, à Paris,
Le cœur parle bien assez vite...
En vérité, je vous le dis!

DURONCERAY. Rassure-toi, Marie, il n'est plus question de fermiers-généraux, ni de l'héritier d'un archevêque.

MARIE. En voilà d'autres qui vont se présenter à présent? Mais, papa, vous ne vous lasserez donc jamais de me chercher des épouseurs! à quoi bon tout cela?

DURONCERAY. A te marier, mon enfant! Je sais que, comme toutes les jeunes personnes bien élevées, tu vas me répondre que tu es heureuse avec moi, que ma tendresse te suffit... que...

MARIE. Non, papa, je ne vous répondrai pas ça... je vous dirai tout simplement : Je ne veux pas me marier.

DURONCERAY. Quoi! malheureuse enfant, aurais-tu donc le projet de te faire religieuse?

MARIE. Nullement! je veux être comédienne... ce n'est pas tout-à-fait la même chose... et quant au mariage, ça viendra; laissez-moi faire.

DURONCERAY. Comédienne! la fille d'un de Duronceray! (*Changeant de ton.*) Tiens! tiens! tiens!.. s'il en est ainsi, j'ai une excellente protection pour toi.

MARIE. Bah! qui donc?

DURONCERAY. L'illustre Maurice de Saxe, mon ami.

MARIE. Est-ce qu'il a enfin répondu à toutes ces lettres?..

DURONCERAY. Non... c'est lui-même qui m'a dit...

MARIE. Vous l'avez donc vu?

DURONCERAY, *troublé.* Non!

MARIE. Bon! voilà mon père qui devient fou... alors, il va m'en choisir qui seront drôles, des maris!

DURONCERAY. Je ne tiens pas à ce qu'ils soient drôles, ma fille; mais je tiens à ce qu'ils soient riches, très-riches! car, vois-tu, Marie, nous ne serons heureux que lorsque tu seras mariée, bien mariée... Je suis bon père, mais j'ai l'habitude de faire figure dans le monde... tu me gênes pour sortir... ma pension me suffit à peine... je la mangerai bien à moi seul, va!

MARIE. Pauvre père! est-il bon!

DURONCERAY. Il faut absolument que je me donne un gendre, qui te rende heureuse, et qui me prête sa voiture quand je veux aller à Versailles, saluer la noble fille de mon maître, sa majesté la reine de France.

MARIE. On vous en donnera des maris à voiture!.. j'épouserai peut-être un boulanger, ou un pâtissier.

DURONCERAY. Fi! l'horreur!

MARIE. Tiens, pas si horreur... je ne déteste pas les petits pâtés, moi.

DURONCERAY. Et pourquoi ne te trouverais-je pas un beau et noble parti?... Stanislas n'était qu'un roi détrôné, lorsque sa fille, Marie Leczinska, épousa Louis XV. Moi, je suis un musicien destitué; tu te nommes Marie aussi; les positions sont les mêmes, tu peux prétendre à tout.

MARIE, *à part.* Des bêtises!.... (*Haut.*) Tenez, mon père, ne contrariez pas mes inclinations, et je vous réponds que je serai reine à mon tour.

Air: *Et voilà comme tout s'arrange.*

Laissez-moi chercher des succès
Dans l'art dont je suis idolâtre,
Et devant le public français
Je régnerai... sur le Théâtre!
A Rheims, les plus illustres Rois,
Dans l'éclat qui les environne,
Ne sont tous sacrés qu'une fois;
Moi, je prétends, au temple de mon choix,
Que tous les soirs on me couronne.

DURONCERAY, *à part.* Et le grand Maurice qui m'attend! (*Haut.*) Adieu, ma fille; tout ce que tu m'as dit là, ça m'a ému... je me sens presque... endormi. Je vais me reposer un instant.

MARIE. C'est l'effet du dîner...

DURONCERAY. Reste là... prends l'air. Ça te fera du bien, et je dormirai plus tranquillement. Adieu, adieu... ma fille... (*A part.*) Je vais rejoindre le héros!

(Il rentre dans la maison.)

SCÈNE IV.

MARIE, *seule.*

En voilà-t-il des maris que je refuse! Et tout ça, pour qui? Pour mon petit pâtissier, qui ne m'a jamais parlé cependant. Mais, depuis trois mois que nous habitons cette maison, il est toujours sur sa porte quand je sors; à sa fenêtre, quand je suis dans ma chambre; et lorsque je veux chanter, on dirait qu'il comprend ma pensée, car aussitôt j'entends son flageolet qui joue l'air que j'avais dans la tête; n'est-ce pas là de la sympathie! C'est celui-là qui ferait un mari aimable! Il y a des momens où j'ai envie de me déclarer à mon père! Mais, avec ses idées de grandeur, il serait capable de donner congé de notre maison, et je ne le verrais plus... Il me semble encore l'entendre dire, au seul mot de pâtissier : Fi! l'horreur!.. Pourtant, celui-là, ce n'est pas un pâtissier comme les autres... D'abord, il ne met jamais de bonnet de coton... au contraire... c'est un jeune homme très comme il faut, qui a des manchettes de Valenciennes et qui fait des couplets..... oh! mais charmans! et pour moi!.. Cependant, voilà quatre jours que je n'en ai reçu... il faut que le four aille bien à la boutique de son père!.. C'est là, dans le trou de ce mur, qu'il les mettait, au risque de se casser le cou en montant. Voyons, s'il m'oublie tout-à-fait. (*Fouillant dans un trou pratiqué au sommet du mur de clôture.*) Rien encore... mais si fait... Allons, c'est bien. Je ne lui en veux plus. Il y en a deux! mais sur quel air les chanter? (*Ritournelle de flageolet.*) Quel bonheur! le flageolet! La sympathie y est toujours!

(Air de flageolet au-dehors; Marie suit l'air en fredonnant. Pendant les couplets, la nuit vient peu à peu.)

Air *nouveau* de M. Pilati.

Tout bas ma voix t'appelle,
L'amour qui m'inspira,
Toujours tendre et fidèle,
Vers toi me conduira.
    La, la, la.
Sois-en bien sûre, le mystère,
Guidera mes pas amoureux :
Dans ta retraite solitaire
Ton cœur seul entendra mes vœux.
    Tout bas, etc... etc...
Le jour, une terreur secrète
Dans mes regards éteint l'espoir;
Le jour, on observe, on nous guette,
Ouvre-moi, si je dis ce soir :
    Tout bas, mon cœur t'appelle,
    L'amour qui m'inspira,
    Toujours tendre et fidèle,
    Vers toi me conduira.
        La, la, la...

(*Après un moment de réflexion.*) Avec tous ses ah! ah! c'est toujours un rendez-vous qu'il me demande. Jamais je ne l'ai vu si hardi!.. Voulez-vous bien vous taire, monsieur! Qu'est-ce que c'est donc que ces idées-là!... Je suis mécontente, très-mécontente! Je me fâche! (*Elle sourit.*) Allons, je ne peux pas dire ça sans rire!.. Le soir est venu, il me semble?.. Je voudrais bien savoir s'il aura l'audace de se présenter. (*Elle ouvre la porte qui donne dans la rue, et regarde.*) Ah! mon Dieu! c'est lui!

SCÈNE V.

MARIE, FAVART.

(On voit Favart passer plusieurs fois devant la porte, mais sans s'arrêter à peine. Marie, de son côté, se promène à contre-sens de Favart.)

MARIE, *à part.* Oh! non, il n'a pas l'audace... A la bonne heure! me voilà réconciliée avec lui. (*Dans ce moment, tous deux s'arrêtent, se regardent et détournent aussitôt la tête. — A part.* Mais il est timide comme une fille!

FAVART, *sur le pas de la porte.* Mademoiselle...

MARIE. Aïe!.. c'est vous! qu'est-ce que vous demandez, monsieur Favart?

FAVART, *avec hésitation, s'avançant un peu.* Mon Dieu!.. rien... mademoiselle... (*Marie laisse tomber son mouchoir avec intention marquée.*) C'est ce mouchoir que vous avez laissé tomber.

(Il ramasse le mouchoir.)

MARIE. Ah! c'est vrai!.. c'est sans le vouloir. Merci, monsieur... Mais gardez-le plutôt...

FAVART, *le pressant contre ses lèvres.* Oh! toute ma vie! là, sur mon cœur!

MARIE, *à part.* Comme il a la voix douce! (*Haut.*) Vous ne m'entendez pas... Je dis: Gardez-le, comme ça... à la main... un instant encore... vous avez peut-être à me parler, et si mon père se réveillait... s'il venait, au moins j'aurais un prétexte à lui donner... car vous êtes d'une témérité!...

FAVART. Excusez-moi... Mais il dort donc, monsieur votre père?

MARIE. Oui...

FAVART. Tant mieux!

MARIE, *à part.* Il a l'air content!

FAVART. Est-ce que vous êtes fâchée que je sois entré?

MARIE. Mais...

FAVART. Dam! j'ai trouvé la porte ouverte, et j'ai cru que vous ne l'aviez pas laissée ainsi sans dessein? C'est mal peut-être à moi d'avoir eu tant de présomption!..

MARIE. Oui, monsieur, c'est mal! c'est très-mal!.. mais, tenez, je ne suis pas une coquette; aussi je vous avouerai que vous avez bien fait de le croire.

FAVART. Ainsi c'était donc pour moi?..

MARIE. Je me disais : S'il a encore une chanson à me donner, au moins il ne risquera pas de se blesser, en montant sur ce mur. Il me la remettra de la main à la main, comme cela.

(Elle lui tend la main.)

FAVART, *lui prenant la main.* Ah! je suis trop heureux!..Vous avez donc trouvé mes derniers couplets?

MARIE. Ils sont bien hardis, monsieur Favart!

FAVART. M'en voudriez-vous de ce que je vous aime autant?

MARIE. Non; mais je m'en veux quelquefois à moi-même de ce que je ne peux pas vous aimer moins.

FAVART. Quel mal faisons-nous?

MARIE. Aucun... c'est vrai... cependant j'ai peur...

FAVART. De moi?

MARIE. Oh! non; pas du tout! Mais c'est mon père qui me tourmente pour que je me marie.

FAVART. Et que lui répondez-vous?

MARIE. Vous devez bien le deviner!

FAVART, *avec enthousiasme.* Ah! si je pouvais prendre rang parmi nos grands auteurs!

MARIE, *de même.* Et moi, si je pouvais devenir une actrice célèbre!

FAVART. Vous aimeriez donc à jouer la comédie?

MARIE. Beaucoup!...

FAVART. Ah! nous étions faits l'un pour l'autre! car moi aussi je ne rêve que théâtre! Tous les jours, je crée mille sujets, et c'est toujours vous que je vois dans mon meilleur rôle! Quand mon père me croit occupé des soins de son état, je dialogue des scènes, je rime des ariettes, et toujours avec vous, soit que je vous revête d'un simple jupon de village, ou du brillant costume d'une grande dame de cour, partout, sous toutes les formes, vous m'apparaissez gracieuse et jolie! Il me semble que pour vous je ferais des chefs-d'œuvre!

MARIE. Et moi, il me semble que je les jouerais bien!

AIR : *Oui, c'est toi, toi que j'aime!* (de Mlle Puget.)

ENSEMBLE

Gloire, amour, espérance!
Vers vous mon cœur s'élance!
Rendez-nous, et d'avance,

Heureux
Tous deux !

FAVART.
Quel sort, ma bien-aimée,
L'avenir nous promet ;
Bruyante renommée,

MARIE.
Et bonheur bien discret,
Une double victoire,
Des momens enchanteurs!

FAVART.
Deux noms pour une gloire!
MARIE.
Un amour pour deux cœurs !

ENSEMBLE.
Gloire, amour, espérance!
Vers vous mon cœur s'élance !
Rendez-nous, et d'avance,
Heureux
Tous deux !

FAVART. Si je n'ai pas de fortune encore, le talent peut m'en donner. D'ailleurs, je ne suis pas sans espérances. M. de Crébillon, qui aime beaucoup nos échaudés, me veut du bien. J'ai corrigé des vers que M. de la Popelinière avait fait mettre dans un nougat qu'il envoyait à une dame de l'Opéra. Je suis parfois admis aux soupers chantans de MM. Piron, Saurin, Voisenon et Fuselier, et l'on applaudit mes couplets comme ceux des autres convives.

MARIE. Je le crois bien; je les trouve très-jolis, moi.

FAVART. Vous voyez bien que j'ai de l'avenir! mais votre père est fier !..

MARIE. Ah! mon père!.. mon père n'est pas un aussi grand seigneur qu'il le paraît. C'est un faiseur d'embarras, voilà tout !

FAVART. Quoi! vous pensez que je pourrais!..

MARIE. En s'y prenant bien ; moi, d'abord, je refuse tous les autres!..

FAVART. C'est déjà bon ! Voyons, convenons de ce que nous avons à faire !..

DURONCERAY, de l'intérieur. Ma fille ! rentrez vous coucher!

MARIE. Me coucher !

FAVART. Déjà ! Ah ! mon Dieu! quelle contrariété ! j'avais tant de choses à vous dire encore ! Interrompre une telle conversation, c'est tout perdre!.. si vous vouliez!.. Où est votre chambre ?

MARIE, avec pruderie. Comment, Monsieur !

FAVART, avec modestie. Ah !

MARIE. Elle est là !.. Eh bien! que voulez-vous dire? Dépêchez-vous.

FAVART. Nous pourrions continuer de causer ensemble; vous, à votre fenêtre, et moi dans cette cour.

MARIE. Je ne demanderais pas mieux ; mais on n'aurait qu'à vous entendre.

FAVART. Je parlerai tout bas.

MARIE. Mais je ne vous entendrai plus moi-même.

FAVART. Eh bien, cette échelle que j'aperçois là, tout près, me permettra de me rapprocher de vous... en montant quelques échelons...

MARIE. Quelques échelons... pas davantage!

FAVART. Vous consentez ?

MARIE. Il le faut bien ! adieu.

FAVART. Au revoir! (Revenant.) A propos, comment vous nommez-vous?

MARIE. Marie!.. Il ne le savait pas !

FAVART. Je n'ai osé le demander à personne.

DURONCERAY, de l'intérieur. Ma fille! Morphée vous invite...

MARIE. Mais c'est qu'il ne m'invite pas du tout.

AIR : Au gré du vent, souvent. (Vaudeville de Guillaume-Tell.)

Silence ! le voici,
Il revient par ici
Cachez-vous bien,
Ne dites rien,
Tout trahirait
Notre secret.

ENSEMBLE.
Silence, le voici,
Il revient par ici,
Cachons-nous } bien
Cachez-vous }
Ne dites } rien
Ne disons }
Tout trahirait
Notre secret.

(La nuit est entièrement venue pendant cette scène. Favart s'éloigne par le jardin.)

SCENE VI.

DURONCERAY, MARIE.

DURONCERAY. Eh bien! Marie, qu'est-ce que tu fais là? Les nuits sont fraîches...

MARIE. Je regardais les étoiles.

DURONCERAY. Il n'y en a pas. La pâle Phébé elle-même est couchée. Tout dort dans la nature; allons en faire autant.

MARIE. Je serais bien rentrée toute seule, allez. Il ne fallait pas vous déranger.

DURONCERAY. Du tout, tu ne pouvais rentrer toute seule... car il faut que je te montre la chambre que tu occuperas cette nuit.

MARIE. Comment ! la chambre. Mais n'ai-je pas la mienne?

DURONCERAY. Pas pour aujourd'hui. J'en ai disposé autrement.

MARIE, *à part.* Dieu du ciel ! Est-ce qu'il aurait entendu ?

DURONCERAY, *à part.* Monseigneur sera là plus près de la porte du jardin; puis je ne pouvais le loger d'une manière malséante. (*Haut.*) Allons, ma fille, tu vas reposer près de moi, sous les regards paternels. En dormant, j'aurai l'œil sur toi. Allons, en avant marche !

MARIE, *à part.* Il sait tout... plus de doute ! au fait, puisque M. Favart fait des comédies, il saura bien s'en tirer...ce n'est pas aux demoiselles à chercher des expédiens... cependant, si je pouvais l'avertir.

DURONCERAY, *qui suivait pas à pas Marie, voyant qu'elle a passé devant la maison sans y entrer, et qu'elle continue à marcher du côté du jardin.* Eh bien ! où vas-tu donc ? est-ce que tu dors debout ?

MARIE. Non, papa, c'est que je cherchais un air.

DURONCERAY. Encore quelque refrain de comédie ?

MARIE. Ah ! voilà que je le tiens !

       (*Se tournant du côté du jardin.*)

AIR : *A la grâce de Dieu.* (Mlle Loïsa Puget.)

  Sylphe des nuits, vers ma fenêtre,
  Toi qui devais monter, hélas !
  Ah ! garde-toi bien d'apparaître,
  Non, mon doux Sylphe ne viens pas.
  Ne va pas près des autres belles;
  Mais évite ici le danger ;
  Si l'amour t'a prêté des ailes,
  Ami sers-t'en pour déloger,
    Adieu, mon Sylphe, adieu
    A la grâce de Dieu.

    (*Marie rentre avec Duronceray.*)

SCENE VII.
FAVART , *seul.*

Je n'entends plus personne, et me voilà seul ici... que c'est donc joli un premier rendez-vous d'amour !... j'avais déjà pensé à en mettre un dans une de mes pièces; mais je ne me doutais pas de l'effet que cela pouvait produire... Ah ! que je l'écrirais bien à présent cette scène d'attente si douce, et de si cruelle impatience... Encore étonné d'un bonheur dont il est si fier, l'amant voudrait, comme un autre Alexandre, remplir le monde entier du bruit de sa conquête; mais discret comme l'avare, il se taira, car il craint aussi qu'on ne lui enlève son trésor... Mais la confiante jeune fille, que peut-elle penser à cette heure si nouvelle pour son cœur innocent?.. mais on ouvre la fenêtre, je crois... oui... c'est elle !

SCENE VIII.
FAVART. MAURICE DE SAXE, *paraissant à la fenêtre.*

MAURICE. Maudite clef ! je ne sais plus ce que j'en ai fait... il faut donc réveiller toute la maison, ou sauter par cette fenêtre.

FAVART. Attendez, je vais mettre l'échelle.

MAURICE. Qu'est-ce qui parle d'échelle ?

FAVART, *posant l'échelle et s'apprêtant à monter.* Me voilà ! eh bien ! on descend...

MAURICE, *descendant par l'échelle.* Oui, silence, mille tonnerres ! ça s'est trouvé bien à propos.

FAVART. Un homme !.. de cette chambre!.. Elle ne m'attendait pas sitôt... la perfide !..

MAURICE, *passant auprès de Favart, et sortant.* Merci, mon ami.

FAVART, *accablé.* Je ne la reverrai plus !

ACTE II.

Le théâtre représente le foyer des acteurs de l'opéra-comique de la foire Saint-Germain. Quelques siéges, une toilette, un paravent.

SCENE PREMIERE.
MAMIE BABICHON , ACTEURS, CORYPHÉES, *puis* FAVART

CHOEUR.

AIR : *premier chœur de Micheline.* (ADAM.)

Allons, enfans de l'Opéra-Comique,
Que les bravos signalent nos progrès,
Et que ce soir notre scène lyrique
A nos efforts doive un nouveau succès.

FAVART. *entrant.* Quel zèle, quelle activité à l'Opéra-Comique de la foire Saint-Germain !

MAMIE BABICHON. Et quelle foule déjà dans la salle !

FAVART. Ah! c'est vous, Mamie Babichon.

MAMIE BABICHON. Je parie, mon cher

Favart, que votre *Chercheuse d'esprit* aura le succès de vos autres ouvrages.

TOUS. Oh! bien certainement!

FAVART. J'en accepte l'augure.

MAMIE BABICHON. Car vous avez un bonheur!

FAVART, *à lui-même.* Oui, du bonheur! j'ai eu des succès du moins. L'abbé de Voisenon me prône à la cour; Bercaville, le directeur provisoire de ce théâtre, me veut du bien; le maréchal de Saxe, lui-même, sans me connaître, s'est déclaré mon protecteur. On dirait que tout le monde s'entend pour me consoler de mes chagrins, pour me faire oublier une coquette!..

(On entend frapper trois coups dans la coulisse, à gauche.)

MAMIE BABICHON. Voilà le régisseur qui donne le signal.

LE RÉGISSEUR, *en dehors.* Au théâtre!

TOUS. Au théâtre!

CHOEUR.

Allons, enfans, etc.

| *(Les chœristes sortent.)*

FAVART. Comment! déjà!

MAMIE BABICHON. C'est sans doute pour l'annonce au public.

FAVART. Quelle annonce, Mamie Babichon?

MAMIE BABICHON. Quoi! vous ne savez pas? Eh bien! tenez, voici que le régisseur dit en ce moment, en s'adressant au parterre : *(Elle s'avance vers la rampe, et fait les trois saluts d'usage.)* Messieurs, un événement imprévu... *(Murmures en dehors. A Favart.)* Entendez-vous?... on murmure.

FAVART. Un événement!

MAMIE BABICHON, *au public.* Notre camarade, Mlle Brille, une petite bégueule, que vous connaissez tous, vient d'être saisie... d'un enlèvement subit.

FAVART. Est-il possible! un enlèvement! mon premier rôle disparu!

MAMIE BABICHON, *continuant l'annonce.* Nous serions dans l'impossibilité de vous donner, ce soir, la *Chercheuse d'esprit*, si la demoiselle Chantilly, dont les débuts ne devaient avoir lieu que la semaine prochaine, n'avait consenti à remplacer la fugitive. *(Bravos en dehors. A Favart.)* Vous entendez; ils prennent très-bien ça. Bon public!

FAVART. Mlle Chantilly!.. c'est la première fois que j'entends prononcer ce nom!

MAMIE BABICHON, *toujours au public.* Pour donner à la débutante le temps de se préparer, nous commencerons par la

Vierge du Soleil, le triomphe de notre camarade Mamie Babichon, qui n'a pas encore été enlevée, mais qui ne demande pas mieux que de l'être.

(Elle salue le public.)

FAVART. Cette petite Brille! abandonner ainsi le théâtre!..

MAMIE BABICHON. Pour un ambassadeur qui lui donne équipage. Ce n'est pas mal calculer.

FAVART. Elle qui faisait la prude!

MAMIE BABICHON. Avec tout le monde!

FAVART. Même avec ses camarades!

AIR : *Vaudeville de la Famille de l'Apothicaire.*

Elle trouvait leur ton mauvais,
Et, faisant de saintes grimaces,
Disait : Dieu me garde à jamais
De vouloir marcher sur leurs traces!

MAMIE BABICHON.

C'est qu'en marchant on peut broncher,
Et cette vertu chaste et pure
Refusait ainsi de marcher,
Afin d'avoir plus tôt voiture.

SCENE II.

FAVART, MAMIE BABICHON, LE RÉGISSEUR.

LE RÉGISSEUR, *dans le fond, à la cantonnade.* Allons, messieurs et mesdames, au théâtre, pour la première pièce. C'est ici que la débutante s'habillera.

MAMIE BABICHON. Tiens, nous serons voisines, alors; car la porte de ma loge donne dans ce foyer.

LE RÉGISSEUR. Au théâtre!

(Il disparaît.)

MAMIE BABICHON. Cela ne me regarde pas encore; je ne suis que du second acte!

SCENE III.

MAMIE BABICHON, FAVART, VOISENON, BERCAVILLE.

BERCAVILLE, *entrant.* Ah! ah! maître Favart, c'est un jour de triomphe aujourd'hui... La pièce ira aux nues! J'ai dit partout que c'était un chef-d'œuvre!

VOISENON. Et moi, j'ai fait retenir une vingtaine de loges par les plus jolies femmes de Paris et de Versailles.

FAVART. Je ne sais vraiment à quoi attribuer une amitié si précieuse!

BERCAVILLE. Il faut que les gens d'esprit se soutiennent.

VOISENON, *à Mamie Babichon.* Alors, de quoi se mêle-t-il?

MAMIE BABICHON. C'est ce que j'allais dire.

VOISENON. Mais qu'as-tu donc, Favart ?

MAMIE BABICHON. C'est l'enlèvement de Mlle Brille qui le tourmente.

VOISENON. Rassure-toi ; celle qui la remplace sera charmante !

BERCAVILLE, *à Favart.* Elle ira à miracle, mon cher !

FAVART. Vous la connaissez donc ?

BERCAVILLE. Un peu... Je lui ai fait répéter dix fois son rôle... en tête-à-tête.

MAMIE BABICHON, *à part.* Bon ! et d'un !

VOISENON, *à part.* Le sot ! (*Haut.*) J'ai le plaisir de la voir quelquefois aussi... je lui ai même indiqué en secret toutes les intentions du personnage qu'elle doit jouer ce soir.

MAMIE BABICHON, *à part.* Et de deux !

SCÈNE IV.

LES MÊMES, UN DOMESTIQUE.
en grande livrée.

LE DOMESTIQUE, *entrant et déposant une cassette sur une table.* De la part de monseigneur le maréchal de Saxe.

BERCAVILLE. Qu'est-ce que c'est ?

LE DOMESTIQUE. Un costume pour la débutante.

(Il sort.)

MAMIE BABICHON. Et de trois ! La finance, le clergé et l'armée... notre ingénue ira loin.. Mais, en effet, c'est monseigneur de Saxe qui a ordonné son début ; car le noble maréchal s'occupe beaucoup du théâtre aussi.

FAVART, *à part.* Encore une coquette ! Ah ! le théâtre ! ah ! les femmes ! elles ressemblent donc toutes à Mlle Duronceray !

LE RÉGISSEUR, *dans la coulisse.* Le second acte de la *Vierge du Soleil* va commencer.

MAMIE BABICHON. Ah ! mon Dieu ! moi qui voulais voir la débutante !

VOISENON. Elle ne peut tarder. Mais, mon cher auteur, tu ne peux l'aborder sans lui présenter le bouquet d'usage.

BERCAVILLE. Certainement... certainement.

FAVART. Eh bien ! j'en vais chercher un...

MAMIE BABICHON, *qui a ouvert la porte de communication.* Passez par ma loge, vous serez plus près de la porte de sortie.

VOISENON, *à Favart.*
AIR : *Je vais changer de costume et d'emploi.*
Je vous prédis qu'on vous applaudira,
Soyez certain de la faveur publique,

Après la pièce on vous proclamera
Sauveur de l'Opéra-Comique.
J'entends déjà qu'ici chacun se dit :
L'aimable auteur, qui sait nous plaire,
A fait la *Chercheuse d'esprit*,
Et n'en chercha pas pour la faire.
RÉPRISE.
FAVART.
L'instant approche, et je tremble déjà :
D'être en repos, vainement je me pique ;
Quoi ! trois amours ! cette innocente-là
Perdra mon Opéra-Comique.
VOISENON, BERCAVILLE, MAMIE.
Je vous prédis qu'on vous applaudira ;
Soyez certain de la faveur publique :
Après la pièce, on vous proclamera
Sauveur de l'Opéra-Comique.

(*Mamie Babichon et Favart sortent par la gauche du spectateur.*)

SCÈNE V.

BERCAVILLE, VOISENON, MARIE, DURONCERAY.

(Duronceray a l'épée au côté. Il donne le bras à sa fille, et tient de l'autre main un carton à chapeau, qu'il laisse tomber presque en entrant.)

DURONCERAY. C'est un vrai dédale.... c'est le labyrinthe de Crète que ce théâtre... Diable d'Opéra-Comique, va ! on a bien de la peine à n'y pas trébucher.

MARIE. Prenez donc garde, papa, vous laissez tomber mon carton à chaque instant... On ne peut pas jouer une ingénue en collerette chiffonnée.

VOISENON, *allant au-devant de Marie et la prenant par la main.* Eh bien, ma charmante ?

BERCAVILLE, *même jeu.* Le cœur nous bat-il bien fort ?

MARIE. Passablement... Oh ! mais qu'importe ?

AIR : *Les fils de l'université* (le Luthier de Vienne.)
Enfin, je suis à mon début !
Eloignons tout mauvais présage ;
Il faut confiance et courage
Lorsque l'on va toucher au début,
Poète, orateur, quel qu'il fût ;
Celui-là que la gloire inspire,
Sans trembler, n'a pas pu se dire :
Enfin, je suis à mon début !

Enfin, je suis à mon début !
Sans doute, mon cœur bat bien vite,
Oui, c'est de crainte qu'il palpite,
Et cependant, beau jour, salut !
Ceux qui payèrent leur tribut
Aux beaux arts, comme à la victoire,
Disent, après vingt ans de gloire :
Ah ! que ne suis-je à mon début !

VOISENON. Soyez-en certaine, vous réussirez.

DURONCERAY. Réussir !.. Qu'est-ce que c'est que ça ! nous triompherons ! une ovation populaire ! il nous faut un succès de vogue! La foule a failli étouffer un portier du théâtre la semaine dernière. Il faut qu'elle en étouffe deux à la seconde représentation...

MARIE. Et ainsi de suite.

DURONCERAY. Quelle douce satisfaction pour moi, pour toi, pour nous tous! si l'on pouvait lire dans le *Mercure de France* du mois prochain : « tout le contrôle a été » écrasé aux débuts de Mlle Chantilly. »

MARIE. Mais c'est le massacre des innocens que vous demandez là !

DURONCERAY. On dédommagerait les veuves !

VOISENON ET BERCAVILLE, *s'approchant ensemble de Duronceray des deux côtés, et lui parlant bas à l'oreille.* Lui avez-vous parlé pour... Ah !

(Ils s'aperçoivent tous deux, et se font un salut.)

DURONCERAY, *bas à Bercaville.* Comptez sur moi. (*Bas à Voisenon.*) Comptez sur moi. (*Haut.*) Je ne vous oublierai pas.

MARIE. Et moi, messieurs, je voudrais bien pouvoir vous oublier un instant. Je vous demande pardon ; mais il faut que j'essaie mon costume.

VOISENON. Votre costume? En voilà un que le maréchal de Saxe vient d'envoyer pour vous.

DURONCERAY. Un cadeau du maréchal !...

MARIE, *à part.* Encore celui-là qui me poursuit partout !

DURONCERAY, *ouvrant la cassette.* C'est superbe ! un déshabillé de satin, des sabots à paillettes, costume de paysanne complet!... les paysannes se mettent fort bien... au théâtre.

MARIE, *à Voisenon et à Bercaville,* Messieurs...

VOISENON. Nous partons !

(Il baise la main de Marie.)

BERCAVILLE, *bas à Duronceray.* Souvenez-vous !..

(Voisenon et Bercaville sortent.)

SCENE VI.

DURONCERAY, MARIE.

DURONCERAY. Sais-tu, Marie, que le maréchal m'a tout l'air de vouloir déclarer la guerre à ta sagesse ?..

MARIE. Et c'est d'aujourd'hui que vous vous en apercevez ?... Quand il n'y a pas de jour où je ne sois en butte à ses persécutions !... Eh bien ! vous y voyez clair,

papa... On vous en donnera des filles à garder.

DURONCERAY. Comment, le héros se permettrait ?..

MARIE. Et voilà la continuation des hostilités... Du satin, des dentelles... c'est d'assez bon goût... cependant je refuse.

DURONCERAY. Tu refuses !

MARIE.

AIR : *N'est-ce pas cela ?* (la Chanoinesse.)
Ce n'est pas cela ;
Ces habits-là
Ne sont pas pour Nicette,
Puisque la fillette,
A ce qu'on dit,
Est chercheuse d'esprit.

Atours brillans,
Satin, rubans,
Vont mal avec ce que j'ignore,
Et l'on croira
Que j'ai déjà
Trouvé ce que je cherche encore.
Ce n'est pas cela, etc.

DURONCERAY. C'est possible... mais écoute-moi, Marie... je suis là pour protéger ta candeur.

MARIE. Je gage que vous avez oublié mon rouge.

DURONCERAY. Non... je suis père... je n'ai pas envie de venir compromettre tous les soirs mon épée dans les coulisses d'un théâtre forain... Voilà ton rouge.

(Une femme de chambre entre, portant un paquet.)

MARIE, *l'apercevant.* Ah ! c'est bien heureux !

DURONCERAY. Ainsi, mon enfant...

MARIE, *passant derrière le paravent avec la femme-de-chambre.* Excusez, papa.... il faut que je m'habille... parlez toujours, je vous écoute.

DURONCERAY, *prenant une chaise, et s'asseyant devant le paravent.* Je connais les devoirs que mon titre m'impose, et je les remplirai tous ! (*à lui-même*) pourvu que ça ne dure pas trop long-temps. (*Haut.*) Il faut absolument te marier ! Deux épouseurs se présentent...

MARIE, *fredonnant.*
Va-t'en voir s'ils viennent,
Jean,
Va-t'en voir s'ils viennent !

DURONCERAY. Plaît-il ?

MARIE. Je repasse mon rôle.

DURONCERAY. Voilà, depuis un an, plus de douze partis que tu refuses... tu t'en prends à la jambe de celui-ci, à l'œil de celui-là, aux oreilles de l'un, au nez de l'autre ; tu t'en prends à tout, enfin, pour rester fille... qu'est-ce que c'est que ça ?

MARIE, *fredonnant.*
Ah ! je le sens, en ce moment,
C'est de l'esprit assurément !

DURONCERAY. Hein ?

MARIE. J'étudie.

DURONCERAY. Je te déclare, Marie, que si tu crois trouver une perfection dans ton époux, tu te prépares de terribles déboires... L'homme est l'image de la Divinité, c'est vrai, mais en laid, en très-laid !... d'ailleurs de quoi te plains-tu ?

MARIE, *toujours derrière le paravent.* Ça me gêne dans les entournures.

DURONCERAY Ça te gêne dans les entournures... est-ce là répondre ? je ne sais même pas ce que tu veux dire... Voisenon est riche... Bercaville le sera... il va devenir directeur de ce théâtre.

MARIE, *de même.* Ça ne fait pas un pli.

DURONCERAY. En ce cas, j'exige que tu te prononces en faveur de l'un des deux... tu m'as entendu ?.. je te prouverai qu'un de Duronceray a une volonté, une et indivisible !

MARIE. Je le sais bien, mon père, car vous dites toujours la même chose.

(On frappe à la porte.)

DURONCERAY. Qui va là ?

FAVART, *en dehors.* L'auteur, qui demande à présenter ses hommages à mademoiselle Chantilly.

MARIE, *à part, toujours cachée.* Favart ! ah ! enfin !

DURONCERAY, *à Marie.* L'auteur qui demande à présenter ses hommages à Mlle Chantilly...

MARIE, *sans se montrer.* Ouvrez toujours... je reste chez moi.

DURONCERAY. Non, je te dis l'auteur qui demande à présenter...

MARIE. Mais ouvrez donc...

(Duronceray va ouvrir.)

SCÈNE VII.

LES MÊMES, FAVART, *un bouquet à la main.*

FAVART, *entrant.* Mlle Chantilly est-elle visible ?

DURONCERAY. Eh ! bonjour, monsieur Favart !.. pardieu ! il y a long-temps que je ne vous ai vu... vous avez donc quitté notre quartier ?

FAVART, *à part.* Le père de Marie !.... par quel hasard ici ?... si Mamie Babichon était là. elle dirait : Et de quatre !

DURONCERAY. Vous semblez ne pas me reconnaître !

FAVART. Vous êtes monsieur Duronceray.

DURONCERAY. Le chevalier de Duronceray, ancien favori de Polymnie, comme vous l'êtes de sa sœur Erato ; vous n'avez

pas oublié non plus que j'ai une fille... c'est aussi un enfant d'Apollon que je destine à Thalie.

FAVART. Pardon, j'étais venu pour voir Mlle Chantilly.

DURONCERAY. Tout-à-l'heure ! elle s'habille.

FAVART. Comment ?

DURONCERAY. Oui, oui, elle s'habille... Ah ça ! monsieur Favart, je vous félicite... vous n'êtes pas absolument dépourvu de mérite... on parle de vos ouvrages... ma fille ne les déteste pas, car elle m'en assomme du matin au soir... surtout du dernier, bien entendu ; de celui qu'on va jouer aujourd'hui même.

FAVART. Mais elle ne peut le connaître encore ?

DURONCERAY. La preuve qu'elle le connaît, c'est qu'elle l'a choisi pour y débuter.

FAVART, *avec ironie.* Et quel théâtre aura le bonheur de la posséder ?

DURONCERAY. Celui-ci... ne le savez-vous pas ?

FAVART, *à part.* Que dit-il ? (*Haut.*) Et quand aura lieu ce début ?

MARIE, *paraissant dans son costume de la Chercheuse d'esprit.* Ce soir même, monsieur Favart.

(Elle lui fait la révérence.)

FAVART, *à part.* Marie ! (*Haut.*) Ah ! c'est vous... vous... qui succédez à Mlle Brille ?.. mais on m'avait parlé d'une demoiselle Chantilly... est-ce que celle-là s'est déjà fait enlever aussi ?

(Il arrache avec dépit, et une à une, les fleurs du bouquet.)

DURONCERAY. Pardieu ! je n'avais pas envie de faire placarder un de Duronceray sur tous les murs de Paris !.. aussi, nous avons pris un nom sans conséquence.... Chantilly... celui d'une terre, à nous... connue.

MARIE, *à part.* Il détourne la tête... je le forcerai bien de me regarder... (*Haut.*) Dites-moi, monsieur Favart, croyez-vous que je sois bien dans mon personnage ?

(Chantant un couplet de la *Chercheuse d'esprit*, sans accompagnement.)

AIR : *Du petit mot pour rire.*

On trouve de tout à Paris,
L'esprit n'est p't-êtr' pas hors de prix ,
 J'en aurons , quoi qu'il coûte !
Ensemble allons-y de ce pas,
 Et, que sait-on, peut-être, hélas !
En cherchant bien (*bis*), j'en trouverons en route.

DURONCERAY. Charmant ! délicieux ! (*Arrachant le bouquet des mains de Favart.*) Tiens, ma fille, l'auteur te décerne la couronne.

MARIE. Mais vous ne dites rien, monsieur Favart?

FAVART. Je dis, mademoiselle, que vous pouvez prétendre à de grands succès.

DURONCERAY. Je le crois bien!

FAVART, *continuant.* Dans les Célimène et les Arsinoé, dans les rôles où il faut de la ruse et de la coquetterie... mais la naïveté de Nicette est au-dessous de votre talent.

MARIE. Eh bien! c'est ce que l'on verra!..

FAVART. On ne le verra pas... car, dès ce moment, je m'oppose à ce qu'on joue la *Chercheuse d'esprit.*

MARIE. Vous vous opposez? (*A part.*) Mais mon Dieu! que lui ai-je donc fait?

DURONCERAY. Comment! il s'oppose?.. Voilà qui est fort! sa pièce est faite, elle est sue... et il ne veut pas qu'on la joue! Allons donc! c'est absolument comme si son père avait dit à ses pratiques : Voilà des brioches, elles sont toutes chaudes, mais vous n'en mangerez pas!.. — Vous extravaguez, mon cher.

FAVART. Non! on ne la jouera pas! Et plutôt que de céder, je renoncerais au théâtre.

MARIE. Mais moi, je n'y renonce pas.

DURONCERAY. Quelle horreur!

FAVART, *à part.* Voisenon, Bercaville, le maréchal de Saxe!.. trois à la fois! ah! je dois la fuir!

ENSEMBLE.

AIR : *Grand Dieu quelle nouvelle!* (du Philtre.)

FAVART.

Ma carrière était belle,
J'y renonce à jamais,
S'il faut à l'infidèle
Que je doive un succès!

DURONCERAY.

Ah! l'étrange querelle!
Quel auteur a jamais
De sa pièce nouvelle
Refusé le succès?

MARIE.

C'est lui qui me querelle;
Qui l'aurait cru jamais?
N'importe! l'infidèle
Me devra son succès!

DURONCERAY.

Mais écoutez-moi donc, entêté que vous êtes!
Ma fille ira fort bien!

FAVART.

Dans les grandes coquettes!

DURONCERAY.

Songez à son maintien,
A son air d'innocence...
Ah! vous cédez, je pense...

FAVART.

Non, rien! non, rien!

DURONCERAY, *à Marie.* Il serait capable de te faire siffler... je m'attache à ses pas! je me cramponne à lui.

REPRISE.

FAVART.

Ma carrière était belle, etc.

DURONCERAY.

Ah! l'étrange querelle! etc.

MARIE.

C'est lui qui me querelle, etc.
(*Favart sort, Duronceray le suit.*)

SCENE VIII.

MARIE, *seule.*

Ne pas vouloir m'entendre... sacrifier même sa pièce, pour me chagriner... Il me déteste... Soyez donc sage... Résistez donc à toutes les séductions pour lui rester fidèle!.. Ah! ça n'est pas encourageant... Et moi qui n'ai cessé de penser à lui, le jour, la nuit... la dernière surtout!

AIR : *Le joli rêve.* (Micheline.)

Le joli rêve que j'ai fait!
C'était après deux ans d'absence,
Je me trouvais en sa présence;
Ses yeux m'exprimaient son regret,
Tout haut ma bouche le grondait,
Tout bas mon cœur lui pardonnait.
Comme autrefois, timide et tendre,
Sa main vers ma main se tendait;
Cet amour qu'il redemandait,
Je lui disais : « Viens le reprendre. »
Le joli rêve que j'ai fait! (*ter.*)

Le joli rêve que j'ai fait!
On couronnait la débutante...
Heureuse actrice! heureuse amante!..
Enfin, ce triomphe complet,
Que de son art il attendait,
C'était à moi qu'il le devait!
Sous les bravos la salle tremble...
Lui, de bonheur aussi tremblait,
Là-bas la foule m'appelait.
Nous étions seuls, bien seuls ensemble...
Le joli rêve que j'ai fait! (*ter.*)

Mais n'importe, il ne m'empêchera pas de jouer mon rôle... Il aura beau dire, on ne l'écoutera pas... Il n'est plus temps d'empêcher la représentation... le public ne le souffrirait pas! (*Grand bruit au-dehors.*) Mais qui vient là?

SCENE IX.

MARIE, BERCAVILLE, VOISENON, LE RÉGISSEUR, ACTEURS, ACTRICES, *dans leurs costumes de la Chercheuse d'esprit.*

CHOEUR.

AIR : *La débutante est triomphante* (la Chanteuse et l'Ouvrière.)

C'est effroyable!
Épouvantable!
On n'a jamais vu conduite semblable!
C'est effroyable!

Épouvantable!
Mais la prison
Nous en fera raison!

MARIE. Qu'y a-t-il encore?

VOISENON. Il y a, ma toute belle, qu'on ne peut plus jouer la *Chercheuse d'esprit*.

MARIE. Ah! mon Dieu!

VOISENON. Oui, l'auteur vient d'arracher son manuscrit des mains du souffleur... et il a disparu. On ne sait pas où il est... et nous n'avons pas d'autre copie de la pièce.

MARIE, *tombant sur une chaise.* A-t-on plus de malheur que moi!.. Dieu! que c'est donc difficile de débuter! Si le public savait tout ce qu'il faut souffrir avant de pouvoir se présenter devant lui... il ne serait pas si méchant qu'il l'est quelquefois.

BERCAVILLE. Heureusement M. Favart ne l'emportera pas en paradis!.. le maréchal de Saxe, qui vient d'arriver, a pris l'affaire fort à cœur; il est furieux!... il avait justement sur lui une lettre de cachet... en blanc... et ce soir, notre auteur couchera à la Bastille.

MARIE, *à part.* Pauvre Favart! mais, au fait, je suis bien bonne de le plaindre!

BERCAVILLE. Il ne peut échapper! Je crois même qu'il n'est pas encore sorti du théâtre...J'ai fait garder toutes les issues..

VOISENON. Nous, messieurs, nous n'avons pas un instant à perdre..... le dernier acte de la *Vierge du Soleil* avance... tout le monde en chasse contre l'auteur révolté qui ne veut pas se laisser jouer! Cherchons-le depuis les combles jusqu'au troisième dessous!

REPRISE DU CHOEUR.

TOUS.

C'est effroyable!
Épouvantable!
On n'a jamais vu conduite semblable!
C'est effroyable!
Épouvantable!
Mais la prison
Nous en fera raison.

(Ils sortent.)

SCENE X.

MARIE, MAMIE BABICHON.

MAMIE BABICHON, *entrant par la porte de sa loge, qui donne sur le foyer.* N'ayez pas peur, c'est moi... Mamie Babichon.

(Elle va mettre le verrou à la porte du fond.)

MARIE. Que me voulez-vous, mademoiselle?

MAMIE BABICHON. Il s'agit de rendre un grand service à quelqu'un... Oui, de recevoir ici un pauvre jeune homme qu'on veut arrêter à toute force.

MARIE. Qu'a-t-il donc fait?

MAMIE BABICHON. Il est accusé d'avoir voulu cabaler contre la pièce qu'on va jouer, par conséquent contre la débutante!

MARIE. Encore un! mais c'est indigne! Et c'est à moi que vous vous adressez?

MAMIE BABICHON. Oh! nous aimons assez les indignités, nous autres. D'ailleurs, il est poursuivi, traqué; toute la force armée du théâtre est sur pied contre lui: Grecs, Romains, Mexicains, villageois, chanteurs, danseurs! il n'a plus d'asile que votre loge; car ce n'est pas ici qu'on viendra le chercher.

MARIE. Mais pourquoi ne le recevez-vous pas dans la vôtre?

MAMIE BABICHON. Il y est!.. mais c'est qu'on frappe à ma porte.. un vieux magistrat qui me veut du bien... Au surplus, ça ne me regarde pas... c'est votre affaire... on doit des égards à son auteur!..

MARIE, *à part.* Je m'en doutais! C'est lui! tant mieux.

MAMIE BABICHON, *poussant Favart sur le théâtre.* Entrez, monsieur Favart. Eh! vite donc! *(Criant à la cantonnade.)* Attendez, monsieur le président!.. je change de costume!

(Elle referme la porte de communication.)

SCENE XI.

MARIE, FAVART ; *il a un rouleau de papier à la main.*

MARIE, *après un silence.* Il paraît que vous vous comportez bien, monsieur Favart.

FAVART. J'ai usé de mon droit, mademoiselle; car cet ouvrage, c'est le mien; je puis l'anéantir, le déchirer, si je le veux!

(Il le froisse avec colère.)

MARIE. Oh! pourquoi cela? Conservez-le...puisque je ne le jouerai pas! Mademoiselle Brille reviendra peut-être, et alors...

FAVART. Je vous l'ai dit: je renonce au théâtre... je n'y remettrai plus les pieds, car vous y êtes, et je veux vous fuir!

MARIE. Me fuir? En attendant vous voilà mon prisonnier.

FAVART. Oh! je puis sortir d'ici!

MARIE. Oui, pour aller à la Bastille.

FAVART. Que m'importe!

MARIE. Comment! vous me préférez... même la Bastille! vous avez de singuliers goûts, monsieur Favart!

Air : *A l'âge heureux de quatorze ans.*
Ah ! je m'admire, en vérité ;
Voyez ce qu'en nous peut produire
Un sentiment de charité ;
Je sauve qui voulait me nuire !
Cacher un jeune homme chez moi !
O ciel ! que dirait une prude ?
D'où vient que je suis sans effroi ?

FAVART.
C'est un effet de l'habitude !
Vous n'en éprouvez nul effroi,
Car vous en avez l'habitude !

MARIE. Qu'est-ce à dire, monsieur ?

FAVART. C'est-à-dire, mademoiselle, que si vous regrettez de m'avoir donné asile, je sais par quel chemin on peut sortir de chez vous sans vous compromettre... Je descendrai par la fenêtre.... ce sera pour moi beaucoup d'honneur que de marcher sur les traces d'un maréchal de France !

MARIE, *comme par souvenir.* Ah ! le voilà donc enfin ce grand secret que je ne pouvais comprendre ? Favart, vous êtes un fou ! avoir pu me soupçonner !

FAVART. Vous soupçonner ! mais je l'ai vu !

MARIE. Eh ! monsieur, est-ce qu'il faut toujours croire à ce qu'on voit !

(On frappe à la porte.)

MARIE. Quelqu'un !..

MAURICE, *en dehors.* C'est moi, Maurice... Maurice de Saxe !

FAVART. Encore lui !

MARIE. Et il arrive à propos ! mais vous cacher, ce serait m'exposer... car il se croirait seul avec moi. Vous connaît-il ?

FAVART. Pas personnellement.

MARIE. En ce cas, ôtez votre habit.

MAURICE, *en dehors.* J'attends !

MARIE, *répondant à Maurice.* Je vous demande pardon... je suis à vous. (*A Favart.*) Mais ôtez donc votre habit !

FAVART, *ôtant son habit.* Ma foi, si je sais ce que cela veut dire !..

MARIE. Prenez ce fer à papillotes !..

FAVART, *à part.* Je comprends !

MARIE, *allant ouvrir.* Pardon, monseigneur... c'est que j'étais occupé avec mon coiffeur.

SCENE XII.

LES MÊMES, MAURICE.

MAURICE. Enfin ! on a bien de la peine à parvenir jusqu'à vous ! (*Il baise la main de Marie. Regardant machinalement Favart, qui lui tourne le dos.*) Ah ! c'est là votre coiffeur, ma divine ! il en a bien l'air.

FAVART, *à part.* Insolent !

MAURICE. C'est singulier, on les reconnaît tous à leur tournure ! Il n'y a pas à s'y

tromper ! et vous ne m'auriez rien annoncé que j'aurais dit tout d'abord : c'est là un coiffeur !

MARIE, *bas à Favart.* Mais prenez donc garde ! vous me défrisez !

MAURICE, *apportant un siége auprès d'elle.* Maintenant, mon ange, nous avons à causer.

(Favart passe entre lui et Marie.)

MARIE. Pardon, monseigneur... vous pourriez gêner monsieur.

MAURICE. Diable ! je serais désolé de le troubler dans ses importantes fonctions... (*s'asseyant à distance de Marie.*) Je me rends.

MARIE. Vous n'y êtes pas accoutumé.

MAURICE. Vous devez savoir qu'en fait de places, j'accepte toutes celles qu'on me donne... Je prends même parfois celles qu'on ne me donne pas.

MARIE. Oui, vous autres militaires, vous avez l'habitude de déloger tout le monde.

MAURICE. Nos ennemis, s'entend !

MARIE. Et même les demoiselles... qui n'ont qu'une pauvre petite chambre pour y dormir en repos.

MAURICE. Ah ! j'y suis !,. Oui, en effet, j'ai une fois occupé votre chambre militairement, pendant une heure à peu près.

FAVART, *bas à Marie,* Vous le voyez, il avoue !

MAURICE.
Air : *de Julie.*
L'occasion, certe, était belle,
Et j'espérais avec raison,
En entrant dans la citadelle,
Y trouver une garnison,
Quand je croyais la faire prisonnière,
La peureuse avait fui déjà.

MARIE.
Et, grâce à cette fuite-là,
Elle eut les honneurs de la guerre.

MAURICE. Ne vous en glorifiez pas tant. L'honneur en revient au papa Duronceray, qui ne m'a ouvert la place qu'après avoir pris soin de mettre entre vous et moi la distance d'un long corridor, et de je ne sais combien de portes...

FAVART, *avec joie, laissant tomber son fer à papillotes, à part.* Serait-il vrai ?

MAURICE. Il a l'air fort maladroit votre coiffeur... mais venons au fait. Eh bien ! on n'a pu encore retrouver ce Favart... et la pièce ne sera pas jouée.

MARIE, *regardant Favart.* Peut-être ?

MAURICE. Conçoit-on un auteur comme celui-là ?... Mais il vous déteste donc !

MARIE. Il n'a pas de confiance en moi.

FAVART, *bas.* Si, Marie !

MAURICE. En tout cas, vous prendrez

votre revanche... votre avenir est assuré ce théâtre, car je fais nommer Bercaville directeur privilégié de l'Opéra-Comique, à charge par lui de vous protéger.

MARIE, *se levant.* Y pensez-vous, monseigneur ? Bercaville !.. mais vous ne savez donc pas qu'il m'aime ! que de tourmens vous me préparez... je vous croyais plus de tact.

MAURICE, *de même.* Comment? que voulez-vous dire?

MARIE. Qu'à votre place, je ferais donner la direction du théâtre à un de mes ennemis, plutôt qu'à mon amant déclaré.

MAURICE. Eh ! mais c'est une idée admirable ! mais des ennemis en avez-vous donc? et excepté ce Favart...

MARIE. Pourquoi pas celui-là ? du moins il me ferait de jolis rôles par reconnaissance peut-être.

MAURICE. C'est parfaitement combiné ! (*A part.*) Voilà un directeur qui ne m'inquiètera pas... (*Haut.*) Favart sera nommé, je vous le promets.

FAVART, *bas.* Ah ! Marie... que de générosité !

MARIE. Alors, maintenant, je crois qu'on peut jouer sa *Chercheuse d'esprit...* d'après ce qui se passe en ce moment, il n'y trouvera pas à redire, je pense.

MAURICE. Mais le manuscrit?..

MARIE. J'en ai une copie. (*Elle fait signe à Favart, qui lui passe le rouleau de papier qu'il tenait en entrant.*) Tenez, monseigneur, si vous étiez assez bon pour le remettre au régisseur... car je crois qu'il n'y a pas un moment à perdre.

MAURICE. Non, sans doute! ah! maître Favart, vous serez bien attrapé quand vous apprendrez demain!... (*A Marie.*) Vous êtes charmante !

MARIE. Je suis confuse de vous charger d'une semblable commission ; mais j'ai encore besoin de mon coiffeur.

MAURICE. L'heureux drôle ! (*A Favart.*) Mon ami, je te donne dix louis, si tu veux couper pour moi une mèche de ces cheveux-là !

FAVART. Non, monseigneur.

MAURICE, *à part.* Il est décidément très-maladroit.

MARIE. Monseigneur !

MAURICE, *à Marie.* Allons, je vous obéis, puis je me rends à ma loge, donner moi-même le signal des bravos... il faudra bien que cela marche... bon espoir, ma divine.

(*Il sort.*)

SCENE XIII.
MARIE, FAVART.

MARIE. Il croit que les applaudissemens du public, ça se commande comme une manœuvre de cavalerie.... Eh bien ! Favart ?

FAVART. Ah ! Marie!

MARIE.
AIR : *Verse, verse le vin de France.*
Ai-je tort, monsieur le jaloux ?

FAVART.
Ah ! combien je me sens coupable !

MARIE.
Dans votre rôle, grâce à vous,
Ce soir, je serai détestable,
   C'est probable !

FAVART.
Eh ! que m'importe ! dans ce jour,
Où j'apprends à mieux vous connaître,
Voyez mes regrets, mon amour !..

LE RÉGISSEUR, *en dehors, parlé.* A la pièce nouvelle!

MARIE.
Voilà le moment de paraître !
Je sens mon courage renaître !
ENSEMBLE.
MARIE.
Espérance,
Et confiance!
Oui, maintenant, j'entends là
   Voix secrète
   Qui répète :
   Nicette
   Réussira !

FAVART.
Espérance
Et confiance !
Cet amour, que je sens là,
   Voix secrète
   Me répète :
   Nicette
   Te le rendra !

Tombant aux genoux de Marie. Rien, plus qu'un baiser, en signe de pardon.

MARIE. Vous le voulez?... il le faut bien.

(*Elle va pour se pencher vers lui.*)

LE RÉGISSEUR, *en dehors.* On lève le rideau !

MARIE. Ciel ! ma réplique !

(*Elle se sauve.*)

FAVART, *se relevant.* Eh bien donc ! après le succès... (*Bruit de bravos en dehors; Favart, avec enthousiasme.*) Elle est en scène !

ACTE III.

Un salon chez Marie Duronceray. Porte au fond, portes latérales, table, fauteuils, chaises.

SCÈNE PREMIÈRE.

DURONCERAY, *puis* BERCAVILLE.

DURONCERAY, *sortant de la chambre à gauche, et parlant à la cantonnade.* Soyez tranquilles... j'y vais de ce pas... et je donnerai l'ordre au concierge de ne laisser entrer personne.

BERCAVILLE, *entrant.* Excepté moi, papa Duronceray.

DURONCERAY, *à part.* Que le diable l'emporte! (*Haut.*) Bien entendu... les personnes présentes sont toujours exceptées... Mais quel heureux accident vous amène?

BERCAVILLE. Parbleu! le plaisir de causer avec vous... et... de féliciter Mlle Chantilly sur ses nouveaux succès dans la pantomine. (*Il veut entrer chez Marie.*)

DURONCERAY, *lui barrant le passage.* Grand merci de vos complimens, monsieur le nouvel inspecteur auprès des théâtres. Mais il n'en est pas moins vrai que, quoiqu'on nous ait interdit la parole, par ordre supérieur, quoiqu'on nous ait réduits aux pirouettes et aux jetés-battus, toutes vos ordonnances de police ne pourront rien contre l'Opéra-Comique. Ma fille était une syrène, maintenant c'est une sylphide; elle gesticule à ravir, elle danse à faire crier grâce! elle saute... à perte de vue! c'est superbe! c'est étourdissant! et c'est quand je la regarde en l'air, à dix pieds au-dessus du sol... Que je me sens fier d'être père!

BERCAVILLE. Et moi, je suis fier d'aspirer à sa main, car la haute position que j'occupe n'a rien changé à nos projets.

DURONCERAY, *à part, d'un air dédaigneux.* Sa haute position! (*Haut.*) Je suis flatté, très-flatté! mais nous causerons de cela plus tard.

BERCAVILLE. J'en veux causer sur-le-champ avec la charmante Marie.

DURONCERAY. Ma fille est flattée, très-flattée... absolument comme moi; mais...

BERCAVILLE. Mais, mais... vous ne pouvez cependant m'empêcher d'aller auprès d'elle m'informer de nouvelles de sa santé.

DURONCERAY. Oh! s'il ne s'agit que de cela, c'est inutile. Elle se porte bien, très-bien... ainsi, vous voilà satisfait.

BERCAVILLE. Comment, elle se porte bien!.. Mais je viens de voir afficher relâche, à la porte du théâtre, pour cause d'indisposition de Mlle Chantilly.

DURONCERAY, *à part.* Aïe! (*Haut.*) C'est juste... elle est malade, très-malade, et elle ne peut recevoir personne.... aussi je ne vous retiens pas.

BERCAVILLE. Pardieu! je le vois. (*A part.*) Il se passe quelque chose ici. Il faut que je sache...

DURONCERAY. Vous m'excuserez; mais je vais sortir pour aller chercher le médecin, car vous voyez en moi le plus affligé des pères... Hécube, mon cher monsieur, Hécube et Niobé, voilà ma situation paternelle!

BERCAVILLE. Je me retire donc, puisqu'il le faut.

DURONCERAY. Oui, adieu... adieu, mon cher monsieur de Bercaville. (*Bercaville sort un instant.*) J'ai eu de la peine à m'en débarrasser; mais, grâce au ciel, il ne saura rien. (*Bercaville rentre et se glisse dans la chambre à droite.*) Il était temps.

SCÈNE II.

DURONCERAY, MARIE, VOISENON.

MARIE, *à Duronceray.* Comment! vous êtes encore là?.. je vous croyais chez le notaire.

DURONCERAY. Je viens de renvoyer un témoin incommode, un Grec dans les remparts de Troie.

VOISENON. Le maréchal de Saxe, peut-être?

MARIE. C'est impossible; il doit rester toute la journée à Versailles, auprès du roi qui lui donne ses dernières instructions pour la campagne de Flandres.

DURONCERAY. Aussi n'est-ce que Bercaville qui, attiré par l'annonce de ta prétendue indisposition, venait te rendre visite.

MARIE. Hâtons-nous de peur d'une nouvelle surprise... Avons-nous donc la liberté du choix?.. demain, sans doute, il ne sera plus temps, puisque Maurice de Saxe veut m'emmener avec lui.

DURONCERAY. Qu'entends-je? un enlèvement!

VOISENON. Oui, un enlèvement général de la troupe de l'Opéra-Comique. Le maréchal, pour occuper les loisirs de ses soldats, a formé le projet de faire construire un théâtre dans son camp... et ce n'est pas mal calculer.

AIR du verre.

En vous entendant, le soldat
Sentira son âme agrandie,
On pourra voir chaque combat,
Précédé d'une comédie.
Maurice veut, dans son loisir,
L'entretenir encore de gloire,

Et préluder par un plaisir,
Pour finir par une victoire.

MARIE. Et m'en a-t-il fait de belles promesses !... Songez, Marie, me disait-il, quel triomphe vous attend au milieu de mon armée. Là, jamais de cabale... rien que des admirateurs... je les choisirai moi-même... malheur à qui ferait entendre le plus léger murmure... à qui ne vous applaudirait pas !.. les arrêts vous en feraient justice ! Grand merci ! monseigneur, de vos succès que je ne devrais qu'à la discipline militaire et à l'obéissance passive !.. Vous voyez donc, papa, qu'il n'y a pas un moment à perdre... Au moins, si je dois suivre le maréchal, que ce soit sous la protection de mon mari.

DURONCERAY. Prends garde, ma fille... prends garde à ce que tu vas faire.

MARIE. Eh ! puis-je rester plus longtemps en butte à l'amour, aux persécutions du maréchal? N'est-ce pas lui qui a fait rendre au lieutenant de police, son ami dévoué, cette ordonnance qui nous interdit de parler et de chanter... et cela parce qu'il était jaloux... jaloux de l'acteur à qui j'adressais des paroles de tendresse... oui, jaloux de Colin et de Lubin... jaloux du public même qu'il a empêché de m'entendre, mais à qui il ne pourra m'empêcher de faire les yeux doux, car la pantomime le permet.

DURONCERAY. Tu fais bien de lui résister... mais prends garde : mon noble ami, Maurice de Saxe, est terrible quand il s'y met.

VOISENON. Mlle Langeais pourrait vous donner des nouvelles de la violence de son caractère, car il la fit enlever par un régiment de hussards.

DURONCERAY. Tu l'entends, ma fille; prends garde !

MARIE. A la fin, papa, c'est ennuyeux vos prends garde !.. Eh bien! non, je ne prendrai pas garde... je ne veux pas être la maîtresse du maréchal... il faut que j'épouse quelqu'un... je choisis Favart... je ne vous force pas de l'aimer... je l'aimerai bien assez pour nous deux... bref! en dépit de vous et du maréchal, et du diable, s'il s'en mêle, nous nous adorons et nous nous épouserons aujourd'hui même.

Air : *Restez, restez, troupe jolie.*
Tant pis si ça vous contrarie,
A la fin ça m'est bien égal,
A mon goût moi je me marie
Ou sinon, ça tournera mal !
J'en réponds, ça tournera mal.
Mon mariage me regarde,
Si vous empêchez ce lien,
A votre tour, oui prenez garde,
Ou bien je n' prends plus garde à rien.

DURONCERAY. Allons, puisque tu le veux absolument....

MARIE. D'ailleurs, tout n'est-il pas convenu ? nous profitons de l'absence du maréchal pour conclure cette union ; ainsi les momens sont précieux... courez chez le notaire faire dresser le contrat ; Favart est allé chercher nos témoins, et quant à vous, mon cher abbé, il s'agit de nous trouver un prêtre de bonne volonté, vous seul pouvez nous rendre ce service ; serez-vous un rival assez généreux pour accepter cette commission ?

VOISENON. Un rival, dites-vous, Marie? Il n'y a plus de rivalité entre nous, son amitié ne m'a-t-elle pas dédommagé du tort que m'a fait son amour.

DURONCERAY. Très-beau, l'abbé ! très-beau ! Ceci me rappelle le dévouement d'Etéocle et de Polynice.... Non! un autre !.. comment diable s'appelait-il ? son nom commence par un S ou un M... Castor et Pollux... Non! ce n'est pas encore ça... un autre...

VOISENON. Justement, ici près, demeure un de mes amis, le comte d'Harcourt... il a une chapelle, et son aumônier m'est tout dévoué.

MARIE. Eh bien! courez-y sur-le-champ, et revenez vite... (*A Duronceray qui réfléchit.*) A quoi pensez-vous donc, mon père ?

DURONCERAY, *se frappant le front.* Antiochus ! c'est ça... je savais bien qu'il y avait un S !.. mais c'est à la fin.

MARIE.

Air *de la philosophie* (Farinelli.)
Vite, il faut qu'on se quitte,
Dépistez les jaloux,
Et ramenez ensuite
Le bonheur avec vous.
Oui, le bonheur, j'espère,
Bientôt je vais le voir
Sous les traits d'un notaire...
Les gants blancs, l'habit noir.

ENSEMBLE.
MARIE.

Vite, il faut qu'on se quitte,
Dépistez les jaloux,
Et ramenez ensuite
Le bonheur avec vous.

DURONCERAY, VOISENON.

Allons, partons bien vite,
Dépistons les jaloux
Et ramenons ensuite
Le bonheur avec nous.

(Ils sortent par la petite porte.)

SCENE III.
MARIE, BERCAVILLE, *puis* MAMIE BABICHON.

MARIE, *à elle-même.* Oui, sans doute, il faut nous presser, car si le maréchal venait à savoir !... surtout après la promesse

que je lui ai faite!.. une promesse! dame!
il demandait tant qu'il a bien fallu lui
accorder quelque chose. Heureusement que
je ne lui ai encore donné que des espérances ; d'ailleurs j'ai mis de si dures conditions à notre traité, qu'il est impossible
qu'il veuille jamais les remplir. Enfin, je
vais donc être bientôt Mme Favart!

BERCAVILLE, *entr'ouvrant la porte du cabinet, à part.* Peut-être ! maintenant j'en
sais assez. Il ne s'agit plus que de sortir
d'ici. (*Il avance de quelques pas pour gagner
la porte du milieu, lorsqu'elle s'ouvre d'elle-
même, et Mamie Babichon paraît. Bercaville
rentre aussitôt dans le cabinet, en disant à
part.*) Diable ! cherchons une autre issue!..

MARIE. Qui est là ?

MAMIE BABICHON, *entrant.* C'est moi, ma
mignonne. Je suis bien malheureuse, et
j'accours pour vous demander des conseils.

MARIE. Vous, malheureuse, Mamie ?
vous, si bonne, si compatissante pour les
maux des autres !

MAMIE BABICHON. C'est ce qui m'a per-
due ! mon vieux président vient de m'a-
bandonner !

MARIE. Vraiment ?

MAMIE BABICHON, *prenant un ton do'ent,
puis riant aux éclats.* Hélas! oui, l'infidèle !
ah! ah ! ah !.. Vous savez bien, depuis ce
jour où, pour sauver notre cher Favart, je
l'ai caché dans ma loge, la jalousie de
mon magistrat n'a fait qu'augmenter de jour
en jour.

MARIE. Oh ! alors, je dois prendre part
à vos chagrins; mais que puis-je faire pour
vous ?

MAMIE BABICHON. Ce que vous pouvez
faire ?

Air : *Où donc est mon mari (Le voyage de la
Mariée.)*
Je n'ai plus d'amoureux,
Ah! quel sort malheureux !
Ma disette est trop grande !
Vos amans sont nombreux,
Cédez m'en un... ou deux,
Et que Dieu vous les rende !

Vous repoussez les galans, c'est fort bien,
J'admire un tel mérite !
Entendons-nous, vous qui n'en faites rien,
Autant que j'en profite.
Je n'ai plus d'amoureux, etc.

MARIE. Plus d'amoureux?.. vous... ça
doit être une calamité générale.

MAMIE BABICHON. C'est un scandale !

MARIE. Voyez dans ma liste, l'abbé de
Voisenon était en tête.

MAMIE BABICHON. Bien obligé! un abbé
après un président... toujours des hommes
de robe.

MARIE. Ah ! si vous pouviez m'enlever
mon maréchal !

MAMIE BABICHON. Vous me le céderiez?

MARIE. Avec bien du plaisir.

MAMIE BABICHON. Eh bien ! ma chère
Marie, je ferai tout ce que je pourrai pour
cela, je vous le promets... pour une amie,
il n'y a rien qu'on ne fasse.

Air : *C'était Renaud de Montauban.*
Allons, c'est toujours un déjà ;
Je me charge du grand Maurice !
J'espère bien ne pas en rester là...
MARIE.
Vous aimez à rendre service !
Le maréchal, s'il devient votre amant,
Va bientôt, je le vois, ma chère,
Se trouver comme à l'ordinaire
A la tête d'un régiment, '
Vous en aurez un régiment!

SCENE IV.

LES MÊMES, FAVART *et* TROIS ACTEURS, *puis*
VOISENON, *ensuite* DURONCERAY.

FAVART. Voici nos témoins. Enfin,
Marie, c'est donc pour aujourd'hui !

MAMIE BABICHON. Des témoins, et pourquoi ?

MARIE. Mais, pour mon mariage avec
Favart. Silence, c'est un secret, car le maréchal !..

FAVART. Oui, Maurice de Saxe ignore
notre amour; qu'il ne l'apprenne qu'avec
notre mariage... Une fois votre époux,
Marie, j'aurai le droit de vous protéger,
et, tout grand seigneur qu'il est, sa puissance sera bien forcée de s'arrêter devant
un lien que nul au monde ne pourrait briser.

MAMIE BABICHON, *à part.* Un mariage?..
pauvre petite... voilà son état bien com-
promis! (*Haut.*) Mais ne craignez-vous pas
que si Maurice vient à savoir?.. c'est qu'il
est d'une obstination auprès des femmes!..

MARIE, *à Favart.* Près de vous, mon ami,
je serai forte, je le sens. Je défierais le
corps entier des maréchaux de France, et
je dirais à celui-ci: De votre amour et de votre
puissance, monseigneur, je m'en moque!

VOISENON, *entrant.* Ne vous en moquez
pas trop haut ; car je vous annonce la visite du maréchal.

TOUS. Le maréchal !..

MARIE. Il n'était pas à Versailles !

FAVART. Eh bien! qu'importe, à la fin !.

MARIE. Il m'importe à moi d'être votre
femme, et, pour y parvenir, il ne faut pas
le braver en face ; car il est capable de
tout pour empêcher notre mariage... Mais
que faire ? . il va nous trouver tous ras-
semblés ici... Nous avons l'air d'une con-
spiration.

VOISENON. Voyons, trouvons un motif...

MARIE. Ah !... une répétition !... c'est
cela ! voilà qui explique suffisamment la
présence des acteurs et de l'auteur chez moi.

TOUS. Bravo ! bravo !

DURONCERAY, *arrivant tout essoufflé*. Le notaire sera ici dans un instant.

MARIE. Le notaire ? quel contre-temps!

DURONCERAY. Comment, contre-temps!.

FAVART. Allons, allons , il faut qu'il nous trouve en pleine répétition. .

DURONCERAY. Qui ? le notaire ?

MARIE. Non , le maréchal !

DURONCERAY. Mais il s'agit...

MARIE, *lui remettant un violon entre les mains*. Tenez, mon père, prenez ce violon.

DURONCERAY, *étonné*. Pourquoi faire ?

MARIE. Vous serez notre chef d'orchestre.

DURONCERAY. Chef d'orchestre ! Ah ça ! est-ce que tu veux te donner les violons avant la noce ?

MAMIE BABICHON, *à Marie*. Comptez sur moi, ma mignonne. Je veux jouer mon rôle dans la pièce.

DURONCERAY. Comment, dans la pièce?

FAVART. Moi, mon manuscrit à la main.

VOISENON, *qui guettait à la fenêtre*. Le carrosse du maréchal vient de s'arrêter à la porte.

MARIE. Vite! vite! en scène! allons, papa, commencez... un air... le premier venu...

DURONCERAY, *tout désorienté*. Si j'y comprends un mot !.. un air?.. pour son entrée! c'est donc un fanfare qu'on lui donne. (Marie et Mamie Babichon se placent comme pour la répétition et commencent une scène de pantomime, le maréchal paraît et reste un moment sur la porte pour contempler les deux actrices.)

SCENE V.
LES MÊMES , MAURICE.

(A l'entrée du maréchal, Marie et Mamie Babichon exécutent des passes; Marie en faisant une volte, se trouve face à face avec Maurice.)

MAURICE , *riant*. Ah! ah! ah!.. c'est parfait ! ma parole d'honneur !

MARIE. Ah ! pardon , monseigneur !... vous êtes d'une humeur bien gaie aujourd'hui ?

MAURICE. Moi? je suis furieux !
(Mouvement de crainte.)

MAMIE BABICHON. Il n'y paraît guère.

MAURICE. Savez-vous ce que je viens de voir tomber de la fenêtre de cette chambre, Marie ?

MARIE. Un pot de fleurs ?

MAURICE. Non pas... un homme.

TOUS. Un homme !

MAURICE. Et qui s'est mis à courir.... Oh ! rassurez-vous, votre honneur est à couvert... il avait si mauvaise tournure... c'est tout au plus un voleur.

DURONCERAY. Un voleur chez moi ! je vais voir...
(Il entre un moment dans la chambre.)

MARIE. J'ai encore moins peur des amoureux.

DURONCERAY, *revenant*. Monseigneur se trompe, il n'y a personne.

MAURICE. Sans doute, puisqu'il s'est sauvé... Mais vous voilà en grande compagnie ?..

MARIE. C'est que nous répétons...

MAURICE. Un ballet?

MARIE. Une pantomime... (*à mi-voix*) puisque vous nous avez réduits là...

DURONCERAY, *à part*. Une pantomime!.. à quoi bon ?

MAMIE BABICHON. Oui, monseigneur , vous voyez en nous deux bergères. Moi, je suis la bergère délaissée, abandonnée... par un président à mortier ; je cherche un amoureux et n'en peux pas trouver.

MAURICE. Vous , Mamie Babichon ? voilà vraiment une invraisemblance.... avec des yeux comme les vôtres, on trouve toujours un consolateur.

MAMIE BABICHON, *faisant la révérence*. Vous êtes bien bon, monseigneur.

MAURICE. Mais que je ne vous dérange pas, mesdames... continuez... ne voyez en moi qu'un simple spectateur.
(Il va pour prendre un fauteuil.)

MARIE. C'est que cela va bien vous ennuyer... nous sommes à la fin.

MAURICE. Eh bien ! racontez-moi le commencement.

MARIE. Le commencement?... allons, monsieur Favart...

MAURICE, *bas à Marie*. J'ai à vous parler, Marie...

MARIE. Si vous voulez attendre que ce soit terminé... je vous écouterai avec bien plus de tranquillité... ou dans un autre moment... Demain, par exemple.

MAURICE. Je reste.

FAVART. Il s'agit, monseigneur, d'une jeune bergère qui aime un jeune homme.

MAURICE. Oui, deux amoureux... toujours ! Puis, un mariage, n'est-ce pas ?

MARIE. Justement, monseigneur.

AIR : *Il est vrai que Thibaut mérite*.

En peu de mots je dois vous dire
Que le jeune couple amoureux ,
En secret, vainement soupire :
Il est un obstacle à ses vœux ;
Oui, car le seigneur du village
Aime la belle , et lui fait peur !

FAVART.
Nous en étions au mariage.

MAURICE, *riant*.
Concluez donc le mariage...

MARIE , *avec empressement*.
Sous vot' bon plaisir, monseigneur !

MAURICE. Je comprends!... un séducteur, amoureux de la jeune fille, qui abuse de son pouvoir pour la contraindre...

mais elle résiste par vertu... Je sais ça par cœur, d'avance. (*A part.*) Ça me fait l'effet d'être diablement commun... Vous pouvez continuer.

MARIE. Allons, reprenons.

MAURICE, *apercevant Duronceray.* Tiens, le papa Duronceray!.. c'est donc vous qui faites l'orchestre?

DURONCERAY, *à part.* Je ne sais pas ce que je fais.

VOISENON. Il doit même jouer un rôle dans la pièce.

MAURICE. Vraiment?... alors cela sera curieux!

FAVART. Reprenons de mon entrée.

MAURICE. Et vous aussi, monsieur Favart, il paraît que vous jouez votre personnage...

FAVART. Je remplace le Colin, monseigneur, qui vient d'être atteint d'un gros rhume.

MAURICE, *riant.* Mais il me semble que pour jouer la pantomime, il n'a pas besoin de tous ses moyens vocaux... Enfin, c'est égal, reprenez.

(La musique reprend; Mamie Babichon feint de se désoler; Favart fait semblant de la vouloir consoler, puis porte tout-à-coup son hommage à Marie; celle-ci exécute une passe et paraît se railler de sa rivale.)

MARIE, *bas à Favart.* Mais trouvez donc un moyen de le faire partir! que le ciel le confonde!

(Elle fait une passe gracieuse.)

MAURICE. Bravo! bravo! elle est charmante!

UN DOMESTIQUE, *entrant.* Une lettre, pour son excellence.

FAVART, *bas à Marie.* Et ce notaire qui va venir!...

∞∞∞∞∞∞∞∞∞∞∞∞∞∞∞∞∞∞∞∞∞∞∞∞∞∞∞∞

SCÈNE VI.
LES MÊMES, LE NOTAIRE.

LE NOTAIRE, *saluant.* Messieurs et mesdames, j'ai bien l'honneur...

FAVART, *à part.* Tout est perdu!

MAURICE. Tiens, il parle, celui-là!

MARIE, *au notaire.* Mais vous manquez votre entrée!

LE NOTAIRE. Comment, je manque votre entrée?

MARIE. Sans doute!

TOUS. Sans doute! sans doute!

LE NOTAIRE. Mais...

MARIE. Vous arrivez trop tôt!

TOUS. C'est trop tôt! beaucoup trop tôt!

MAURICE. C'est ce qu'il me semblait!

VOISENON. Vous avez failli tout déranger.

LE NOTAIRE. J'arrive trop tôt?.. cependant, monsieur votre père...

MARIE. C'est que mon père ne connais-

sait pas bien la réplique. Et puis d'ailleurs, de quoi se mêle-t-il, mon père?

DURONCERAY. Comment, de quoi je me mêle!...

LE NOTAIRE. Il m'a dit...

MARIE. C'est aux auteurs à indiquer l'entrée.... Monsieur de Voisenon, expliquez-lui donc!

(Voisenon prend le notaire à part, et semble lui expliquer ce dont il s'agit.)

MAURICE. Il paraît que c'est un nouvel acteur, car il a l'air assez gauche.

MARIE. Il est cependant ancien dans l'emploi.

MAURICE. C'est singulier, je ne me le rappelle pas. (*Ouvrant la lettre qu'il tient.*) Voyons cette lettre. (*A part.*) De Bercaville! que signifie?...

MARIE. Il n'y a plus à reculer, il faut signer le contrat, à la barbe du maréchal!

MAURICE, *lisant, tandis que les autres paraissent se concerter.* « On s'est joué de vous, de moi, du public... j'ai dû prendre des mesures... (*A lui-même.*) Ah! c'est fort bien! (*Au domestique qui est resté.*) Dites que j'approuve. (*A part.*) Je suis curieux de voir jusqu'où ça ira. (*Regardant Favart et Marie qui causent entre eux.*) Eh bien! qui vous arrête? pourquoi ne continuez-vous pas?

MARIE. Oui, continuons.

TOUS LES AUTRES. Continuons.

FAVART. Maintenant, la signature.

DURONCERAY, *à part.* Je crains que cette noce-là ne se termine comme celle des Centaures et des Lapithes!

(Ils reprennent la pantomime; Marie et Mamie Babichon vont chercher le notaire, et chacun semble lui exprimer que c'est elle qu'il faut marier.)

MAURICE. Ah! on veut décider le notaire.. mais il a quelque scrupule. (*A part.*) Ce n'est pas sans raison...

(Ici Favart survient; il repousse Mamie Babichon, et les amans conduisent le notaire à la table pour signer le contrat. Favart et Marie signent.)

MAURICE. Voilà le mariage en bon train; mais il manque encore une formalité indispensable.

MARIE. On va chercher le vieux père.

MAURICE. Sans doute, car sa signature me paraît nécessaire.

MAMIE BABICHON. Faites bien le vieux, papa Duronceray.

DURONCERAY. Ça me sera facile, je n'ai plus de jambes.

VOISENON, *qui a conduit Duronceray à la table.* Voyez-vous? signez d'une main tremblante, comme cela.

(Il signe.)

DURONCERAY. D'une main tremblante?

je suis tout-à-fait dans l'esprit de mon rôle.

MAURICE, *se levant*. Mais un instant! (*A part*.) A mon tour.

MARIE. Plaît-il, monseigneur?

MAURICE. C'est une idée qui me vient! Décidément ce dénouement-là est commun : finir par un mariage... il faut changer cela! Et puis, toujours se moquer de ces pauvres seigneurs de village. . il y a trop long-temps que cela dure.

MARIE. Cependant, monseigneur, c'est une chose convenue... et puis cela fait plaisir au public.

MAURICE. Non, il y a un moyen de tourner la situation au pathétique... Ah! c'est que je m'entends aussi en charpente dramatique, et ces messieurs voudront bien, je crois, m'accepter pour collaborateur... N'est-il pas vrai?

VOISENON. Certes...

DURONCERAY, *à part*. Ça va mal!

VOISENON, *à part*. Se douterait-il?...

MAURICE. Voici le changement que je propose.

FAVART, *à part*. Que va-t-il dire?

MAURICE. Le seigneur du village que l'on a pris pour dupe, mais qui depuis un moment est instruit de la ruse... entre en scène alors!.. Je crois que cette entrée fera de l'effet.

MARIE, *à part*. Aïe! aïe! aïe!

MAURICE. Elle semble déjà vous en faire à tous... Alors, placé entre le père crédule et le notaire complaisant, il arrache la plume des mains du vieillard et la brise!..
(Maurice exécute le mouvement.)

DURONCERAY, *à part*. Je voudrais être au fin fond du Styx !

MAURICE, *poursuivant*. Et comme ce mariage est nul, comme il ne se fera pas, il prend le contrat, il le déchire !
(Maurice déchire le contrat.)

MARIE *et* FAVART. Monseigneur!..

MAURICE. Cela ne doit-il pas produire un grand effet?

MARIE, *à Favart*. Il savait tout !

MAURICE. Ne trouvez-vous donc pas ce mouvement dramatique , maître Favart? mais ce n'est pas tout.

MARIE. Mais on vient!

FAVART. Des soldats? Qu'est-ce à dire?

DURONCERAY. La force armée chez moi !

MAURICE. Oh! pour le coup, ce dénouement-là ne me regarde plus !

SCÈNE VII.
LES MÊMES, BERCAVILLE, UN EXEMPT,
DES SOLDATS.

L'EXEMPT, *à Marie*. De par le roi, il faut me suivre, madame !

FAVART, *tirant son épée*. N'avancez pas ! le premier qui ose!..

DURONCERAY, *tirant à moitié son épée*. Oui , le premier qui ose...

BERCAVILLE. Tirer l'épée contre les gens du roi !

MARIE. De quoi s'agit-il ?

BERCAVILLE, *à Marie*. Soumettez-vous, madame...Vous avez manqué au public, en faisant afficher relâche sans raison valable. Vous allez me suivre au For-l'Évêque !

MAURICE, *à part*. Non pas! c'est moi seul qu'elle doit suivre.

BERCAVILLE, *à Favart*. Quant à vous , mon petit monsieur... pour fait de rébellion...

MAURICE. Taisez-vous !... vous outrepassez vos pouvoirs , maître Bercaville.... C'est à monsieur l'exempt d'exécuter son mandat contre Mlle de Chantilly... mais j'ai quelque chose à réclamer d'elle.

AIR : *Qu'il se montre à l'instant*. (Croix d'or.)
Un seul instant, messieurs, laissez-nous, je vous prie.
Je voudrais vous parler, Marie.
FAVART.
Mais je ne puis, mais je ne dois.
MARIE.
Mon cher Favart, croyez en moi !
MAMIE BABICHON.
Pauvre Favart! il meurt d'effroi !
MARIE, *à part*.
Du danger comment sortirai-je?..
Ah! mon amour m'inspirera!
DURONCERAY, *à Favart*.
Mon titre de père vous protége,
Ne craignez rien, je reste là.
CHOEUR.
L'obéissance
Est un devoir.
De la prudence,
Et bon espoir !

SCÈNE VIII.
MARIE, MAURICE, DURONCERAY.
(Maurice regarde un moment Duronceray, qui le regarde de même en silence; Duronceray, embarrassé de sa contenance, se décide enfin à s'asseoir, quand Maurice lui dit :)

MAURICE. Sortez !

DURONCERAY, *se levant vivement*. Tout de suite, monseigneur. (*Revenant vers Marie, qui réfléchit toujours.*) Songe à nos aïeux, ma fille.... Songe au sang des Duronceray... ne le fais pas rougir. (*A Maurice.*) Monseigneur, entre nous autres gentilshommes.. (*Maurice lui fait un signe, en lui indiquant la porte.*) Oui, monseigneur !
(Il sort.)

SCÈNE IX.
MARIE, MAURICE.

MAURICE, *à part*. Ah ! à nous deux, maintenant !.. (*Haut.*) Vous n'avez donc

pas craint de mettre ma patience à bout ?
Quoi ! me préférer ce Favart !

MARIE, *se levant.* Monseigneur, voulez-
vous m'épouser ?

MAURICE. Moi ? ne changeons pas la
question , s'il vous plaît.

MARIE. Pardon, c'est que la question est
là. Que voulez-vous? je veux me marier,
moi ; c'est mon idée ; et comme pour satisfaire à ce caprice, je ne pouvais compter sur monseigneur de Saxe, il m'a bien
fallu m'adresser à un autre ; cet autre, il
croit en moi, et puisqu'il y croit, pour
lui, je vous le déclare, je résisterai à toute
idée ambitieuse, à la séduction, à la violence même ! (*à part*) autant que je le
pourrai !

MAURICE. Fort bien. Ce n'est point ce
Favart qui m'inquiète.

MARIE. Vraiment?

MAURICE. Vous ne l'aimez pas ?

MARIE. Vous croyez ?

MAURICE. C'est seulement un épouseur.
En vous mariant, vous feriez une folie,
mais... vous ne la ferez pas. D'abord, Favart est mon prisonnier ; vous ne nierez
pas que je n'aie le pouvoir de le faire retenir à la Bastille assez pour vous donner
tout le temps de l'oublier !

MARIE. Vous auriez la cruauté?

MAURICE. Cela dépend de vous... Puis,
Marie, n'ai-je pas obtenu de vous une promesse ?...

MARIE. Oui, sans doute, monseigneur ;
mais, cette promesse, vous savez à quelles
conditions je l'ai faite. Je vous l'ai dit : Je
n'appartiendrai jamais à un militaire... Je
ne veux pas même avoir la gloire pour rivale... je suis jalouse... Le bel amour que
celui qui peut être interrompu par un rou-
lement de tambour ou tué par un boulet
de canon !

MAURICE, *avec intention.* Y songez-vous !
quoi ! pour mériter vos faveurs, il me fau-
drait renoncer à mon commandement? dire
pour toujours adieu à mes soldats ?

MARIE. Oui, monseigneur. Ah! j'avoue
qu'alors.. mais comme tout cela ne se fera
pas. (*A part.*) Je n'ai pas peur de me compromettre.

MAURICE. Eh bien! Marie, tout cela est
fait.

MARIE. Que dites-vous?

MAURICE , *lui donnant une lettre.* Lisez.

MARIE, *parcourant la lettre.* Votre démission !

MAURICE. Que je vais envoyer au mi-
nistre à l'instant même.

MARIE, *à part.* Ah! mon Dieu! je ne
sais si je rêve... dans quel piége suis-je
tombée?

MAURICE. Voilà ce que je venais vous
dire tout-à-l'heure , avec tant de joie,
quand vous ne songiez qu'à profiter de
mon absence... mais que tout cela soit oublié. Oui, Marie, ce prétexte qu'il me fallait pour satisfaire aux conditions que
vous m'imposiez, c'est la cour elle-même
qui vient de me le fournir. On persiste à
me donner , pour lieutenant-général, un
homme qui s'est sans cesse montré mon
ennemi : M. de Tavannes, quand j'ai déjà
lutté dix fois contre sa nomination ; eh
bien! que M. de Tavannes prenne donc le
commandement en chef de l'armée... j'y
consens de grand cœur!... Qu'avez-vous à
dire ?

MARIE. Rien, monseigneur, j'ai promis.

MAURICE. Victoire! vous m'appartenez
maintenant, et vous m'aimerez, Marie!

MARIE. Monseigneur!..

MAURICE. Oui, vous allez briller du
double éclat du luxe et du talent... vous
aurez des valets, des équipages... je ferai
rendre au théâtre tous ses priviléges, pour
qu'on puisse vous entendre, vous applau-
dir, vous admirer comme autrefois.

MARIE. Ta, ta ta... oh! non, monseigneur, ce n'est plus cela... je ne veux pas
être en reste avec vous... vous m'avez sa-
crifié votre gloire, je renonce à la mienne..
donnant, donnant !

MAURICE. Quoi! vous quitteriez le théâtre?

MARIE. Vous quittez bien l'armée !... dès
ce soir, moi aussi, j'envoie ma démission.
Ah ! quel bruit cela va faire dans Paris...
Mlle Chantilly et le maréchal de Saxe qui,
tous deux ensemble, cassent leur engage-
ment... va-t-on jaser! en fera-t-on des ca-
quets dans les foyers et dans les états-ma-
jors!... ça sera charmant!... ah! tenez, monseigneur, il y a de quoi être folle de vous!

MAURICE. Ce n'est qu'une raillerie, j'espère... Devons-nous donc nous condam-
ner volontairement à l'obscurité?

MARIE. Je l'entends bien comme cela...
nous irons vivre au fond d'une province,
l'un pour l'autre, ignorés... tous trois.

MAURICE. Comment! tous trois?

MARIE. Mais oui , avec mon père.. j'y
tiens!

MAURICE, *à part.* Bon! le père Duronceray aussi? c'est trop de bonheur !

MARIE. Et tandis que nous serons là,
respirant l'air pur de la campagne.....
écoutant le chant des oiseaux en tressant
des fleurs, les entendez-vous, à Paris, se
demander l'un à l'autre : « Ah çà ! et
Maurice, le grand Maurice de Saxe, que

devient-il donc? on ne le voit plus nulle part. —Bon ! dira un autre, vous ne savez pas ? il est en province !.. au fond du Perche ou de la Sologne ; il passe ses jours tête-à-tête avec le père Duronceray,.. et sa fille. » Eh! quelle femme serait insensible à une passion qui ne recule devant aucun sacrifice... aux autres, vous avez donné des terres, des revenus, une fortune ; moi, par caprice, par orgueil peut-être, j'ai voulu plus encore, et vous me sacrifiez jusqu'à votre réputation !..

MAURICE. Ma réputation ?.. mais il me semble que j'ai fait assez pour la France?

MARIE. Sans doute votre passé lui appartient; mais l'avenir, je veux m'en assurer, car il est à moi, à moi seule.

(Mouvement de Maurice, qui veut l'interrompre.)

AIR de M. Pilati.

Dans cet asile solitaire
Peut-être un jour nous poursuivra
Un bruit de trompette guerrière,
Ou bien un grand air d'opéra ;
Du passé perdant la mémoire,
Nous oublierons tout, sans retour,
Moi, mes succès, vous, votre gloire :
La belle chose que l'amour !

MAURICE. Ah! elle se joue de moi !

MARIE.

Même air.

Vous me serez toujours fidèle !
Envahie après vingt combats,
Si la France un jour vous appelle,
Non, Maurice, vous n'irez pas.
A vos sermens, moi, j'ai dû croire ;
Vous m'appartenez sans retour...
Qu'importent la France et la gloire !
Mon héros est tout à l'amour !
Qu'importent la France et la gloire...
La belle chose que l'amour !

(*Vivement.*) Vous souscrivez à tout..... mon triomphe est complet... je veux que tout le monde en soit témoin.

MAURICE. Arrêtez, Marie.

MARIE, *sans l'écouter.* Venez! venez ! mes amis.

SCÈNE X.

LES MÊMES, FAVART, VOISENON, MAMIE BABICHON, ACTEURS, ACTRICES de l'Opéra-Comique.

MARIE. Partagez ma joie... apprenez que le maréchal ne consultant que son cœur, est décidé à s'exiler de Paris et de la cour...

MAURICE, *à part.* Que va-t-elle dire ?

MARIE, *montrant la démission.* Et la preuve?

MAURICE. Que faites-vous ?

MARIE, *déchirant la démission.* Ce que vous avez fait de mon contrat de mariage... je change le dénouement.

MAURICE, *à demi-voix.* Ah ! c'est là une noble vengeance ! (*Haut.*) Oui, mes amis, je quitte Paris aujourd'hui même, pour prendre le commandement de l'armée, où vous me suivrez bientôt. Il ne s'agit donc plus ni du For-l'Evêque, ni de la Bastille, et je rends au théâtre tous ses priviléges.

TOUS. Vive monseigneur !

MAURICE, *à part, prenant le menton de Mamie Babichon.* Mamie Babichon, vous serez chef d'emploi.

SCÈNE XI.

LES MÊMES, DURONCERAY, *arrivant aviné et la perruque de travers.*

MARIE. Mais où donc est mon père?

DURONCERAY. Me voilà ! me voilà !.. je viens de griser le guet... nous ne pouvons plus nous tenir sur nos jambes.

MAURICE. Mon cher Duronceray, tout est changé et le mariage aura lieu.

DURONCERAY. Avec vous, monseigneur?. Ah! mon noble gendre !.. Eh bien! j'aime mieux ça, car ce petit Favart...

MARIE, n'en dites pas de mal, papa, car c'est Favart que j'épouse, (*à Maurice*) n'est-ce pas, monseigneur ?

DURONCERAY. J'aime mieux ça aussi.

MAURICE. Désormais, madame Favart est sous la sauve-garde de l'honneur du maréchal de Saxe.

MARIE. Vous l'entendez... je suis madame Favart... ce n'est pas sans peine.

CHOEUR.

AIR : *Introduction de Norma.*

Enfin, ce mariage
Est d'un heureux présage...
Pour charmer son courage,
A nous un héros a recours ;
Emportons en voyage
La gloire et les amours.

MARIE, *au public.*

AIR de *Pilati.*

Jadis, une actrice modèle,
Du théâtre fut le soutien ;
Que tous vos bravos soient pour elle !
Pour moi, messieurs, je ne demande rien.
Je ne suis que l'humble quêteuse,
Qui du bienfait n'a point sa part ;
Que ma recette soit heureuse !
Donnez, donnez pour madame Favart.

CHOEUR.

Enfin, ce mariage, etc.

FIN.

IMPRIMERIE DE Vᵉ DONDEY-DUPRÉ, RUE SAINT-LOUIS, Nº 46, AU MARAIS.